FUNDAMENTOS DE ESTATÍSTICA

Respeite o direito autoral

O GEN | Grupo Editorial Nacional – maior plataforma editorial brasileira no segmento científico, técnico e profissional – publica conteúdos nas áreas de ciências sociais aplicadas, exatas, humanas, jurídicas e da saúde, além de prover serviços direcionados à educação continuada e à preparação para concursos.

As editoras que integram o GEN, das mais respeitadas no mercado editorial, construíram catálogos inigualáveis, com obras decisivas para a formação acadêmica e o aperfeiçoamento de várias gerações de profissionais e estudantes, tendo se tornado sinônimo de qualidade e seriedade.

A missão do GEN e dos núcleos de conteúdo que o compõem é prover a melhor informação científica e distribuí-la de maneira flexível e conveniente, a preços justos, gerando benefícios e servindo a autores, docentes, livreiros, funcionários, colaboradores e acionistas.

Nosso comportamento ético incondicional e nossa responsabilidade social e ambiental são reforçados pela natureza educacional de nossa atividade e dão sustentabilidade ao crescimento contínuo e à rentabilidade do grupo.

Sonia Vieira

Doutora em Estatística pela USP
Livre-docente em Bioestatística pela Unicamp
Pós-doutorado em Estatística na Universidade da Califórnia
Pós-doutorado em Estatística na Universidade de Yale
Pós-doutorado em Ética na Schloss Leopoldskron

FUNDAMENTOS DE ESTATÍSTICA

6ª EDIÇÃO

A autora e a editora empenharam-se para citar adequadamente e dar o devido crédito a todos os detentores dos direitos autorais de qualquer material utilizado neste livro, dispondo-se a possíveis acertos caso, inadvertidamente, a identificação de algum deles tenha sido omitida.

Não é responsabilidade da editora nem da autora a ocorrência de eventuais perdas ou danos a pessoas ou bens que tenham origem no uso desta publicação.

Apesar dos melhores esforços do autor, do editor e dos revisores, é inevitável que surjam erros no texto. Assim, são bem-vindas as comunicações de usuários sobre correções ou sugestões referentes ao conteúdo ou ao nível pedagógico que auxiliem o aprimoramento de edições futuras. Os comentários dos leitores podem ser encaminhados à **Editora Atlas Ltda.** pelo e-mail faleconosco@grupogen.com.br.

Direitos exclusivos para a língua portuguesa
Copyright © 2019 by
Editora Atlas Ltda.
Uma editora integrante do GEN | Grupo Editorial Nacional

Reservados todos os direitos. É proibida a duplicação ou reprodução deste volume, no todo ou em parte, sob quaisquer formas ou por quaisquer meios (eletrônico, mecânico, gravação, fotocópia, distribuição na internet ou outros), sem permissão expressa da editora.

Rua Conselheiro Nébias, 1384
Campos Elísios, São Paulo, SP — CEP 01203-904
Tels.: 21-3543-0770/11-5080-0770
faleconosco@grupogen.com.br
www.grupogen.com.br

Designer de capa: Caio Cardoso
Imagem de capa: DavidGoh | iStockphoto
Editoração Eletrônica: Formato Editora e Serviços

CIP-BRASIL. CATALOGAÇÃO NA PUBLICAÇÃO
SINDICATO NACIONAL DOS EDITORES DE LIVROS, RJ

Vieira, Sonia
    Fundamentos de estatística / Sonia Vieira. – 6. ed. – São Paulo : Atlas, 2019.

    Inclui bibliografia
    ISBN 978-85-97-01907-0

    1. Estatística. I. Título.

18-53297   CDD: 519.5
                               CDU: 519.23

Meri Gleice Rodrigues de Souza – Bibliotecária CRB-7/6439

"In the middle of difficulty lies opportunity."
Albert Einstein

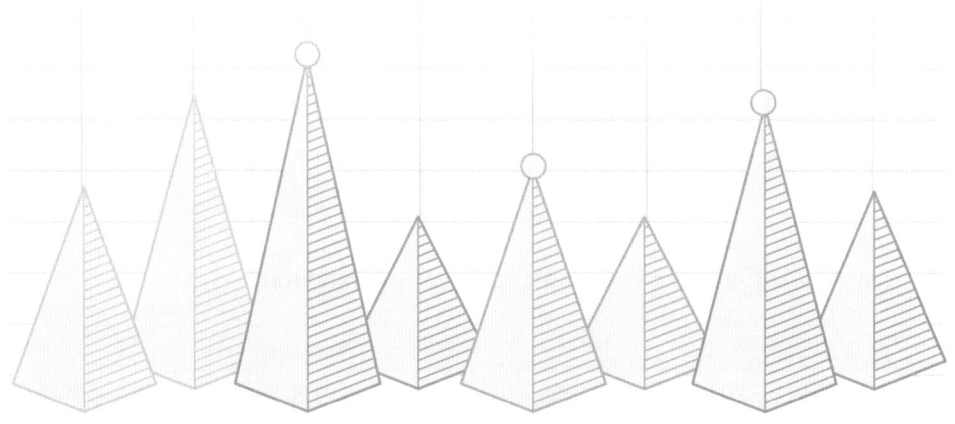

PREFÁCIO

A Estatística não deve ser vista como camisa de força para o debate científico. Conquanto pertença ao grupo de conhecimentos classificados como ciências exatas – porque tem o pé fincado na Matemática –, trabalha com probabilidades e é, portanto, uma forma de medir possibilidades. Então, embora fundamentada no rigor da Matemática, a Estatística traz, em seu bojo, o imprevisível da vida.

Espero que você, meu leitor, que talvez pense na Estatística apenas como "disciplina obrigatória", acostume-se a ela – e talvez venha até a gostar dela –, porque passará a vê-la como uma ponte entre o que você observa e a verdade universal. A ponte é pequena, estreita, insegura – mas é o que temos.

Muitos têm me encorajado a escrever e trabalhar. A lista é tão grande que temo não saber completá-la. Devo, sobretudo, agradecimentos ao GEN | Grupo Editorial Nacional, que tem prestigiado meus escritos e investido neles. Sou grata à minha amiga Martha M. Mischan, que leu este livro e o corrigiu com competência, e ao colega José Eduardo Corrente, que esclareceu muitas dúvidas. Ainda, devo meus profundos agradecimentos aos profissionais que dão atenção ao meu trabalho – e que essa atenção continue se materializando na forma de severas críticas, agradáveis palestras, sábios conselhos –, enfim, na forma em que a universidade tem de caminhar.

A autora

Material Suplementar

Este livro conta com o seguinte material suplementar:

- *Slides* (apenas para professores).

O acesso aos materiais suplementares é gratuito. Basta que o leitor se cadastre em nosso *site* (www.grupogen.com.br), faça seu *login* e clique em Ambiente de Aprendizagem, no menu superior do lado direito.

É rápido e fácil. Caso haja dificuldade de acesso, entre em contato conosco (gendigital@grupogen.com.br).

GEN-IO (GEN | Informação Online) é o repositório de materiais suplementares e de serviços relacionados com livros publicados pelo GEN | Grupo Editorial Nacional, maior conglomerado brasileiro de editoras do ramo científico-técnico-profissional, composto por Guanabara Koogan, Santos, Roca, AC Farmacêutica, Forense, Método, Atlas, LTC, E.P.U. e Forense Universitária. Os materiais suplementares ficam disponíveis para acesso durante a vigência das edições atuais dos livros a que eles correspondem.

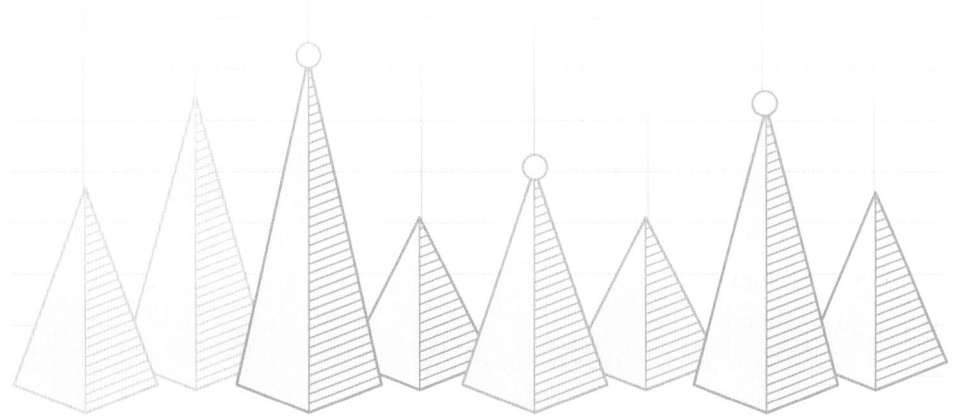

SUMÁRIO

1 INTRODUÇÃO À ESTATÍSTICA 1

   1.1 Conceito de estatística 1

   1.2 Dados e variáveis 2

   1.3 Exercícios 4

2 QUESTÕES DE AMOSTRAGEM 5

   2.1 População e amostra 5

   2.2 Técnicas de amostragem 8

       2.2.1 Amostra probabilística 9

            2.2.1.1 Amostra casual simples 9

            2.2.1.2 Amostra estratificada 10

            2.2.1.3 Amostra sistemática 11

       2.2.2 Amostra não probabilística 13

            2.2.2.1 Amostra por quotas 13

            2.2.2.2 Amostra de voluntários 14

            2.2.2.3 Amostra intencional ou de conveniência 14

	2.3	Erros de amostragem	14
		2.3.1 Erro aleatório	14
		2.3.2 Erro sistemático	14
	2.4	Pesquisas de opinião	15
	2.5	Exercícios	18
3	**ORGANIZAÇÃO DE DADOS**		**21**
	3.1	Coleta dos dados	21
	3.2	Apuração dos dados	23
		3.2.1 Apuração de dados nominais	24
		3.2.2 Apuração de dados ordinais	25
		3.2.3 Apuração de dados discretos	25
		3.2.4 Apuração de dados contínuos	26
	3.3	Distribuição de frequências	26
		3.3.1 Dados nominais	26
		3.3.2 Dados ordinais	27
		3.3.3 Dados discretos	28
		3.3.4 Dados contínuos	28
	3.4	Frequência relativa, porcentagem, frequência acumulada e frequência relativa acumulada	34
		3.4.1 Frequência relativa	34
		3.4.2 Porcentagem	35
		3.4.3 Frequência acumulada	35
		3.4.4 Frequência relativa acumulada	36
	3.5	Exercícios	37
4	**CONSTRUÇÃO DE TABELAS**		**41**
	4.1	Tabelas	41
	4.2	Principais elementos das tabelas	42
	4.3	Elementos eventuais	44
	4.4	Diretrizes importantes	46
	4.5	Séries estatísticas	48
	4.6	Exercícios	50
5	**CONSTRUÇÃO DE GRÁFICOS**		**55**
	5.1	Gráficos	55

5.2	Apresentação gráfica de dados qualitativos		56
	5.2.1	Gráfico de barras	56
		5.2.1.1 Outros usos para o gráfico de barras	62
	5.2.2	Gráfico de setores	63
		5.2.2.1 Uma variação do gráfico de setores	67
5.3	Apresentação gráfica de dados quantitativos		67
	5.3.1	Diagrama de pontos	67
	5.3.2	Histograma	69
	5.3.3	Polígono de frequências	70
	5.3.4	Histograma com intervalos de classe de tamanhos diferentes	72
5.4	Exercícios		75

6 GRÁFICOS PARA DADOS BIVARIADOS ... 79

6.1	Dados univariados e dados bivariados		80
6.2	Dados qualitativos		80
	6.2.1	Tabelas de contingência	80
	6.2.2	Gráficos de barras aglomeradas	82
	6.2.3	Gráfico retangular de composição	83
6.3	Dados quantitativos		85
	6.3.1	Série temporal	85
	6.3.2	Gráfico de linhas	85
	6.3.3	Diagrama de dispersão	88
		6.3.3.1 Correlação linear entre duas variáveis quantitativas	90
	6.3.4	Pirâmide etária	92
6.4	Exercícios		95

7 TAXAS, RAZÕES E NÚMEROS-ÍNDICES ... 101

7.1	Taxa		101
	7.1.1	Taxa de analfabetismo	102
	7.1.2	Taxa de desemprego	103
	7.1.3	Taxa de mortalidade infantil	104
7.2	Razão		106
	7.2.1	Razão de sexo	106
7.3	Número-índice		108
	7.3.1	Índice relativo de preço	108

7.4 Variação percentual 110
    7.4.1 Pontos percentuais 113
7.5 Exercícios 115

8 MEDIDAS DE TENDÊNCIA CENTRAL 119

8.1 Média aritmética 119
    8.1.1 Média aritmética de dados apresentados em tabelas de distribuição de frequências 121
8.2 Mediana 124
    8.2.1 Mediana de dados apresentados em tabelas de distribuição de frequências 125
8.3 Moda 127
    8.3.1 Moda de dados contínuos organizados em classes 128
8.4 Média ponderada, média geométrica e média harmônica 131
    8.4.1 Média ponderada 131
    8.4.2 Média geométrica 132
    8.4.3 Média harmônica 134
8.5 Exercícios 135

9 MEDIDAS DE VARIABILIDADE 139

9.1 Variabilidade 139
9.2 Amplitude 140
9.3 Variância 142
9.4 Desvio-padrão 145
    9.4.1 Uma regra prática para interpretar o desvio-padrão 145
    9.4.2 Uma fórmula mais fácil 148
9.5 Estatísticas de ordem 149
    9.5.1 Quartis 149
    9.5.2 Decis e percentis 151
9.6 Diagrama de caixa 151
9.7 Exercícios 153

Respostas dos exercícios 155

Recomendações de leitura 183

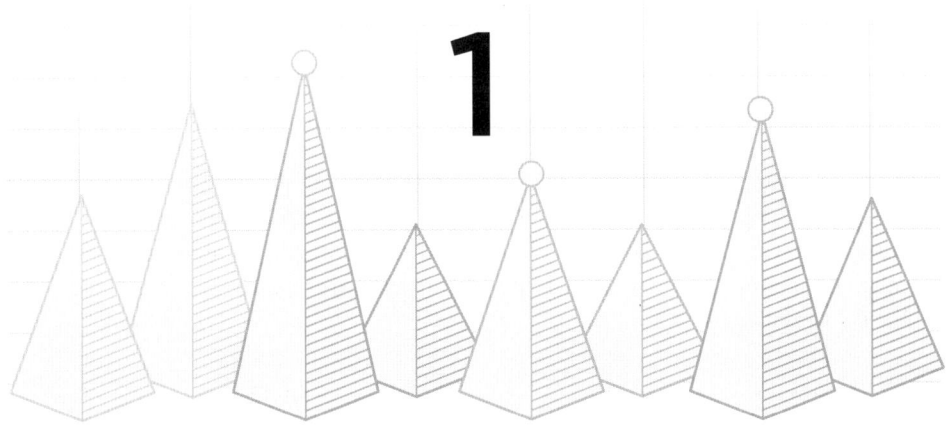

INTRODUÇÃO À ESTATÍSTICA

> Depois de ler este capítulo, você será capaz de:
>
> 1. Explicar o que é Estatística.
> 2. Classificar variáveis como nominais, ordinais, discretas ou contínuas.
> 3. Dar exemplos de variáveis nominais, ordinais, discretas e contínuas.

Neste capítulo, é apresentado e discutido o conceito de Estatística. São definidos dados e variáveis e fornecidos exemplos. Também são apresentados os diversos tipos de variáveis, com farta exemplificação.

1.1 CONCEITO DE ESTATÍSTICA

A palavra **Estatística** está associada à ideia de "coleção de números". A Estatística trata, sem dúvida alguma, da organização e da apresentação de contagens e medições. Dentro desse conceito – de que Estatística é coleção de números – cabe lembrar que há, no Brasil, estatísticas sobre assuntos tão diversos como idade de pessoas, renda familiar, taxas de analfabetismo, ocupação dos chefes de família, taxas de natalidade, índices de preços.

A Estatística não é, contudo, simples "coleção de números". Números não são coletados apenas para serem armazenados: eles servem para a tomada de decisão. Por exemplo, uma emissora de televisão pode tirar do ar um programa por causa dos baixos índices de audiência; um candidato a cargo eletivo chega a mudar seu discurso ou o modo de vestir com base em pesquisas de opinião; um supermercado aumenta ou diminui o estoque de determinado produto com base na quantidade vendida.

No entanto, números não "falam por si mesmos". Precisam ser organizados, discutidos e interpretados para que se transformem em informações úteis. Por essa razão, todo profissional – seja ele administrador, executivo, jornalista, cientista ou professor – deve adquirir algum conhecimento de Estatística para tomar decisão consciente quando tiver, à sua disposição, informações numéricas. Mas o que é Estatística?

Estatística é a ciência que fornece os princípios e os métodos para coleta, organização, resumo, análise e interpretação de informações.

1.2 DADOS E VARIÁVEIS

Para bem entender os procedimentos da Estatística, é preciso distinguir dado de variável.

Dado é a informação coletada e registrada, referente a uma variável.

Variável é uma condição ou característica das unidades da população.

As variáveis assumem valores diferentes em unidades diferentes. Se você perguntar as idades das pessoas de sua família, obterá valores diferentes entre si, embora todos se refiram à *mesma variável*: idade. Cada pessoa fornecerá um só *dado*. Por exemplo, uma de suas tias poderá dizer que tem 37 anos.

Quando você se candidata a um emprego, preenche uma ficha com *seus dados*: *seu* nome, *sua* idade, *seu* endereço etc. Note que o empregador está coletando dados sobre variáveis de interesse: nome, idade, endereço dos candidatos ao emprego.

Não existe interesse em coletar constantes. Assim, não existe interesse em coletar informações sobre analfabetismo entre universitários porque todos os estudantes universitários são alfabetizados.

Existem, contudo, diferentes tipos de variáveis e – por consequência – de dados. Há variáveis qualitativas e variáveis quantitativas. As técnicas de análise de dados dependem do tipo da variável.

A *variável qualitativa* é expressa por palavras.

> A *variável quantitativa* é expressa por números.

São exemplos de variável qualitativa: local de nascimento (Teresina, Campina Grande, Florianópolis etc.), cor da pele (branca, preta, parda, amarela ou indígena), nacionalidade (brasileiro, argentino, japonês etc.). São exemplos de variável quantitativa: preço de um sorvete, distância entre duas cidades, tempo para fazer uma prova.

As variáveis qualitativas dividem-se em nominais e ordinais. As variáveis quantitativas dividem-se em discretas e contínuas. Veja a Figura 1.1.

Figura 1.1 Tipos de variáveis

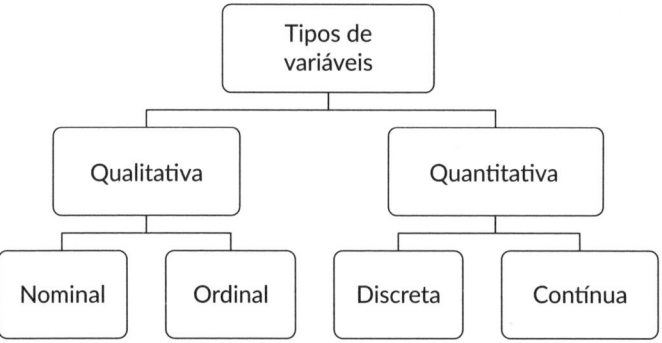

> A *variável nominal* tem duas ou mais categorias, que podem ser apresentadas em qualquer ordem.

São *variáveis nominais*: tipo de sangue, porque você pode dizer O, A, B, AB ou em qualquer outra ordem, por exemplo, A, B, AB, O; cor de cabelos, porque você pode dizer loiro, castanho, preto, ruivo ou em qualquer outra ordem, por exemplo, castanho, preto, loiro, ruivo.

> A *variável ordinal* tem duas ou mais categorias que são, necessariamente, organizadas segundo uma lógica.

São exemplos de *variáveis ordinais*: classificação em uma prova (primeiro lugar, segundo lugar etc.), grau de escolaridade de uma pessoa (pode ser descrito como fundamental incompleto, fundamental completo, médio incompleto, médio completo, superior incompleto, superior completo).

As variáveis quantitativas dividem-se em discretas e contínuas.

> A *variável discreta* resulta do processo de contagem.

Variável contínua resulta do processo de medição.

São exemplos de variáveis discretas: número de moradores em um domicílio, número de filhos de uma pessoa, número de livros em uma estante. São exemplos de variáveis contínuas: peso, estatura, comprimento dos cabelos das pessoas.

NESTE CAPÍTULO, VOCÊ APRENDEU QUE:

- Estatística é a ciência que fornece os princípios e os métodos para coleta, organização, resumo, análise e interpretação de informações.
- Variável é uma condição ou característica das unidades da população.
- Dado é a informação coletada e registrada que se refere a uma variável.
- Variável qualitativa é expressa por palavras.
- Variável quantitativa é expressa por números.
- Variável nominal tem duas ou mais categorias que se apresentam em qualquer ordem.
- Variável ordinal tem duas ou mais categorias organizadas segundo uma lógica.
- Variável discreta resulta do processo de contagem.
- Variável contínua resulta do processo de medição.

1.3 EXERCÍCIOS

1. Classifique as seguintes variáveis como qualitativa ou quantitativa: idade, sexo, renda familiar, religião, cor, tempo disponível para estudo, atividades recreativas de interesse.
2. Classifique as seguintes variáveis como nominal, ordinal, discreta ou contínua: idade, sexo, renda familiar, religião, cor ou raça, tempo disponível para estudo, atividades recreativas de interesse.
3. Dê dois exemplos de variável qualitativa, sendo uma delas nominal e a outra ordinal.
4. Dê dois exemplos de variável quantitativa, sendo uma delas discreta e a outra contínua.
5. Um professor de Educação Física levantou informações sobre os alunos que ingressaram no curso fundamental, como sexo, idade, peso, altura. O que são variáveis e o que é constante, para todas essas crianças?

As respostas dos exercícios estão disponíveis no final do livro.

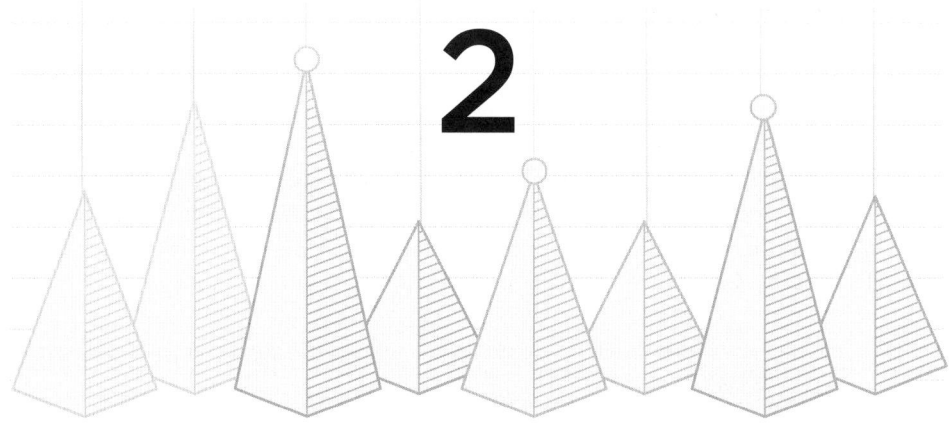

QUESTÕES DE AMOSTRAGEM

> Depois de ler este capítulo, você será capaz de:
>
> 1. Dada uma pesquisa, identificar a população e a amostra.
> 2. Explicar alguns erros na amostragem.
> 3. Classificar uma amostra como casual simples, estratificada, sistemática, por quotas, de conveniência ou de voluntários.
> 4. Dar o conceito de pesquisa de opinião e discutir problemas que podem ocorrer nesse tipo de trabalho, tais como falta de resposta, maneira errada de perguntar, cobertura insuficiente ou inadequada da população.

Este capítulo apresenta os conceitos de população e amostra e os termos relacionados a esses conceitos. Explica as técnicas usadas no processo de tomada da amostra e discute os erros que podem ocorrer. É apresentado o conceito de pesquisa de opinião e são discutidos alguns dos questionamentos que esse trabalho levanta, sempre com ampla exemplificação.

2.1 POPULAÇÃO E AMOSTRA

Na linguagem comum, população significa o conjunto de habitantes de um país, uma região, uma cidade. Em Estatística, a palavra *população* tem significado mais geral.

População é o conjunto de elementos sobre os quais o pesquisador quer informações.

A população é *finita* quando seus elementos podem ser contados, como é o caso de alunos matriculados em uma escola, palavras em um texto, carros que passam sobre uma ponte em determinado dia. A população é *infinita* quando *não* é possível contar seus elementos, como acontece com o número de grãos de areia em uma praia ou o número de habitantes do planeta. Portanto, na prática, populações muito grandes para serem contadas são consideradas infinitas na Estatística, embora sejam matematicamente finitas.

Amostra é todo subconjunto de elementos retirado da população para obter as informações que o pesquisador está procurando.

Veja a Figura 2.1: imagine a população constituída pelos alunos de uma escola. Para obter informações sobre o uso que os alunos fazem da biblioteca, você pode estudar uma amostra.

Figura 2.1 População e amostra

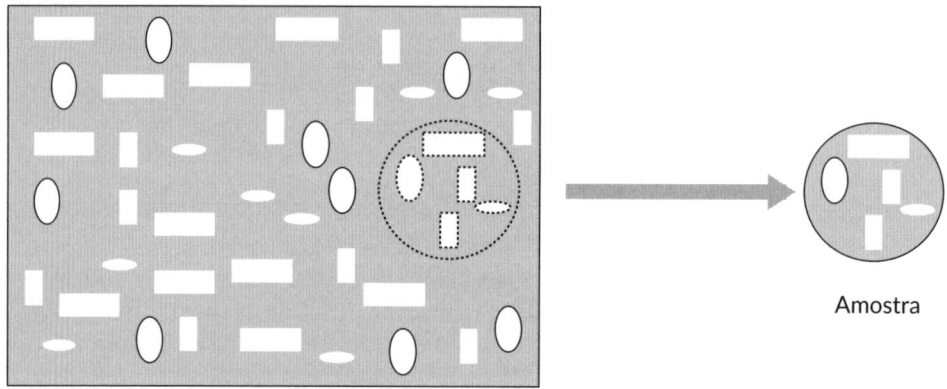

População dos alunos

É preciso, porém, distinguir *população-alvo* de *população amostrada*. Para entender essa distinção, imagine que você deve entrevistar professores de uma universidade para saber que tipo de livro eles leem, preferencialmente: técnicos, ficção, não ficção, autoajuda etc. A *população-alvo* é constituída por todos os professores da universidade. No entanto, é possível que nem todos os professores estejam disponíveis para, eventualmente, constituir a amostra. Alguns estarão em viagem de trabalho, outros estarão em férias, alguns estarão em licença médica, outros estarão em casa devido à doença de familiar. Uns poucos, embora presentes, não se disporão a participar da pesquisa. Então a *população disponível para ser amostrada* será menor do que a população-alvo. Veja a Figura 2.2.

Figura 2.2 População-alvo e população amostrada

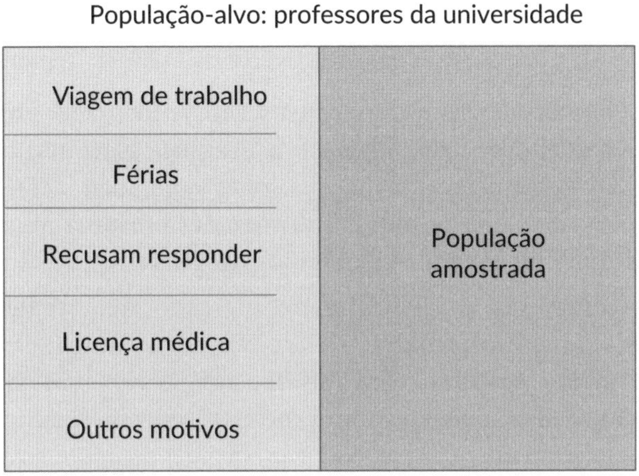

População-alvo: professores da universidade

Viagem de trabalho	
Férias	
Recusam responder	População amostrada
Licença médica	
Outros motivos	

> *Censo ou recenseamento* é processo de coleta de dados de todos os elementos da população.

No Brasil, os recenseamentos oficiais são feitos pelo Instituto Brasileiro de Geografia e Estatística, uma fundação pública de administração federal mais conhecida pela sigla IBGE, com sede na cidade do Rio de Janeiro. Foram feitos recenseamentos gerais em 1872, 1890, 1900, 1920, 1940, 1950, 1960, 1970, 1980, 1991, 2000 e 2010.

O IBGE faz diversos tipos de censo: censo demográfico (levantamento de dados sobre pessoas), censo agropecuário (levantamento de dados sobre os estabelecimentos agropecuários e as atividades neles desenvolvidas), censo industrial (levantamento de dados sobre as características estruturais e econômico-financeiras da atividade industrial), censo comercial (levantamento de dados sobre as características estruturais e econômico-financeiras da atividade comercial).

> *Censo demográfico* é o processo de coleta, apuração, análise e publicação de dados demográficos, econômicos e sociais de todos os residentes de um país ou de uma área geográfica parcial bem definida, em determinado momento no tempo.

Para fazer o censo demográfico, os pesquisadores do IBGE visitam todos os domicílios do país. Aplicam um questionário e depois apuram os dados, organizam, analisam as informações coletadas e as publicam. Você então encontra, nas publicações do IBGE, informações sobre número de residentes no país por sexo e por grupo de idade, número de domicílios no País, distribuição das famílias segundo a renda, registros de nascimentos, óbitos, casamentos, divórcios etc. No entanto, nem sempre é possível fazer recenseamento porque isso demora tempo e consome muito dinheiro.

> *Amostragem* é processo de coleta de dados de uma amostra da população.

No período decorrido entre dois censos são feitos, pelo próprio IBGE, levantamentos de dados por *amostragem*. É a Pesquisa Nacional por Amostra de Domicílio (PNAD) que coleta informações sobre sexo, idade, educação, trabalho, rendimento, habitação, além de outras informações em uma *amostra* de pessoas residentes em domicílios de todas as regiões do país.

Há também empresas de pesquisa de mercado que levantam dados por amostragem para obter informações sobre vários assuntos. Pesquisadores de universidades também coletam, para estudo, amostras de pessoas, de animais, de produtos. Outras instituições, como a indústria farmacêutica, também fazem pesquisa usando amostras.

Saber distinguir – principalmente em uma análise – entre a vasta quantidade de dados que poderiam ser observados na população e os dados efetivamente observados na amostra é a chave para o bom entendimento da Estatística. A amostra fornece *estatísticas*; só a população fornece *parâmetros*.

> *Estatística* é uma característica numérica da amostra. Varia de amostra para amostra.

> *Parâmetro* é uma característica numérica da população. É um número fixo, embora normalmente não se conheça seu valor.

As estatísticas são estimativas dos parâmetros. Como exemplo, imagine que você quer saber o peso médio ao nascer de nascidos vivos no Brasil, em determinado ano. Essa média existe, mas é impossível consegui-la. O que você pode fazer é obter o peso de centenas, ou milhares de nascidos vivos no Brasil e calcular a média. Se fizer um bom trabalho, terá uma *estatística* do peso médio de um nascido vivo no Brasil, que terá valor próximo do valor do *parâmetro* que, na prática, é impossível conhecer.

2.2 TÉCNICAS DE AMOSTRAGEM

Antes de obter a amostra, é preciso definir os *critérios* que serão usados para selecionar os elementos que comporão a amostra. De acordo com o critério adotado, teremos um tipo de amostra. Há amostras probabilísticas e amostras não probabilísticas. Veja a Figura 2.3.

Figura 2.3 Esquema dos tipos de amostras

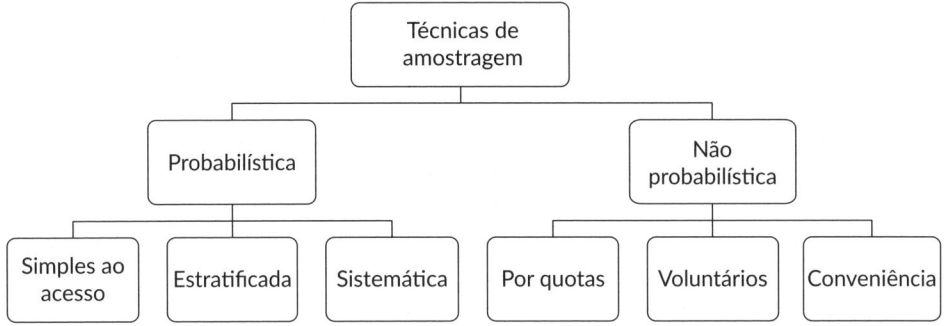

2.2.1 Amostra probabilística

Para obter uma amostra probabilística, precisamos da lista com a identificação de cada um dos N elementos que compõem a população. Depois, usamos algum tipo de *procedimento aleatório* para retirar, da população, os n elementos que irão compor a amostra.

São amostras probabilísticas a casual simples, a sistemática e a estratificada.

2.2.1.1 Amostra casual simples

Amostra casual simples ou amostra aleatória simples é a amostra constituída por elementos retirados *inteiramente ao acaso* da população. Isso significa que todos os elementos da população têm a mesma probabilidade de ser selecionados para a amostra. Veja a Figura 2.4.

Figura 2.4 Esquema de uma amostra casual simples

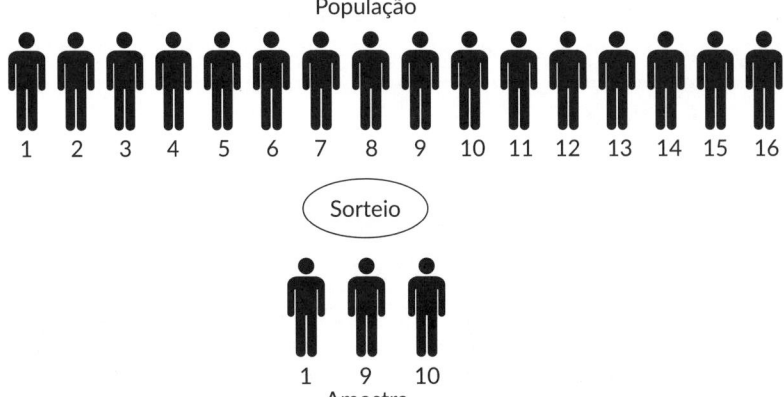

Uma forma de obter uma amostra aleatória simples é pelo método de loteria. Para isso, atribui-se um número a cada um dos N elementos da população. Os números são colocados em uma urna e bastante bem misturados. Em seguida, um pesquisador de olhos vendados seleciona $n < N$ números. Os membros da população que tiverem os números sorteados são incluídos na amostra.

Esse procedimento para tomar uma amostra casual simples está sujeito a erro em virtude, por exemplo, da má mistura dos números ou, até mesmo, de uma fraude. Por essa razão, a seleção dos elementos que irão compor a amostra deve ser feita por um *gerador de números aleatórios*, que é encontrado em computador.[1]

Exemplo 2.1: Amostra casual simples

O gerente de um supermercado quer obter uma amostra de 2% dos 500 clientes cadastrados para entrevistá-los sobre a qualidade do atendimento da empresa. Para obter uma amostra casual simples de 2% dos 500 clientes, é preciso sortear 10. Isso pode ser feito da maneira mais antiga e mais conhecida (e também a mais trabalhosa e sujeita a erro): o gerente escreve os nomes (ou os números) de todos os clientes em pedaços de papel, coloca todos os pedaços de papel em uma urna, mistura bem e retira um nome. O procedimento deve ser repetido até serem retirados os nomes dos 10 clientes que comporão a amostra.

2.2.1.2 Amostra estratificada

Quando a população é composta por elementos que pertencem a categorias distintas, uma amostra casual simples *não* representa bem a população. Nesses casos, é preciso obter uma *amostra estratificada*. Para isso, separe os elementos de categorias distintas em *estratos* e depois colete, em cada estrato, uma amostra casual simples. O número de elementos retirados de cada estrato deve ser proporcional ao número deles na população. Veja a Figura 2.5: a população é constituída por nove homens e doze mulheres. A amostra estratificada tem três homens e quatro mulheres. A amostra estratificada garante a representação de todos os estratos (as categorias) da população na amostra coletada.

---

[1] Um gerador de números aleatórios é um processo que produz números aleatórios. Jogar uma moeda ou lançar um dado pode gerar números aleatórios, mas o resultado pode ser tendencioso. Os geradores de números aleatórios achados em computador são mais confiáveis porque usam algoritmos para produzir números aleatórios.

Figura 2.5 Amostra estratificada

População

1 2 3 4 5 6 7 8 9 10 11 12 13 14 15 16 17 18 19 20 21

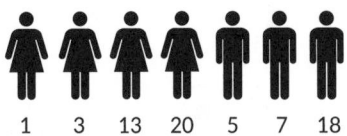

1 3 13 20 5 7 18

Amostra

Exemplo 2.2: Amostra estratificada

O gerente de um supermercado quer obter uma amostra de 2% dos 500 clientes cadastrados para entrevistá-los sobre a qualidade do atendimento da empresa. Contudo, antes de obter a amostra, o gerente observou que as mulheres despendem mais tempo do que os homens escolhendo as mercadorias e buscam mais por ofertas, além de comprar itens para toda a família, enquanto os homens tendem a apanhar rapidamente apenas o que precisam. O gerente então estratificou os cadastros segundo o sexo e contou 300 mulheres e duzentos homens. Depois, usou um gerador de números aleatórios para sortear seis mulheres e quatro homens.

2.2.1.3 Amostra sistemática

É fácil coletar amostras casuais simples e amostras estratificadas quando as populações são pequenas e as unidades estão claramente identificadas, como é o caso de alunos de uma escola, empregados de uma empresa, clientes de um serviço. No entanto, é impraticável usar essa técnica para obter amostras de populações grandes como a dos moradores da cidade de São Paulo, por exemplo. Não existe uma lista com os nomes de todos os moradores de onde sortear a amostra.

Em tais casos, podemos coletar uma amostra sistemática, ou seja, planejar um *sistema* que nos permita selecionar os elementos que irão constituir a amostra. Veja a Figura 2.6: se quisermos coletar uma amostra de 25% das 16 pessoas que estão em uma fila, podemos sortear um número entre 1 e 4. Se sair o número 4, a quarta pessoa pertencerá à amostra. Depois, tomamos para a amostra a quarta pessoa de cada quatro e teremos, assim, 25% da população.

Figura 2.6 Amostra sistemática

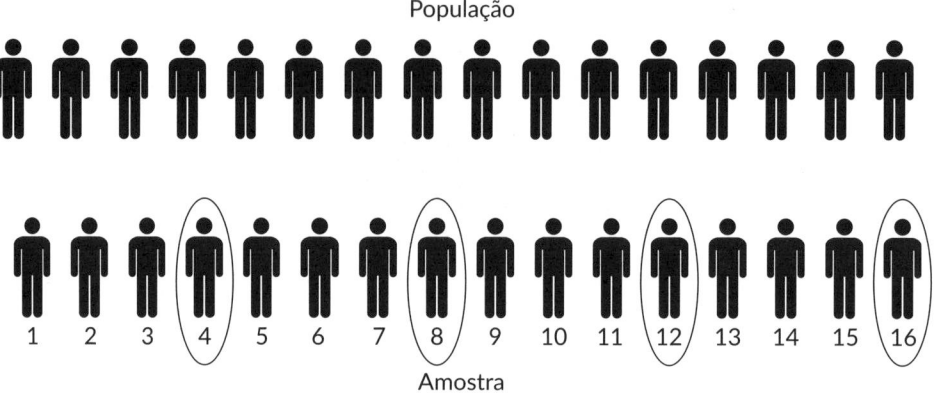

Nas pesquisas em que a unidade amostral é o domicílio, também é usada amostragem sistemática. Em uma cidade, toma-se um ponto de partida escolhido ao acaso (por exemplo, a igreja matriz). Depois, sorteia-se um número entre 1 e 6, por exemplo. Se sair o número 5 (a quinta casa), percorrem-se as ruas a partir daí, usando um sistema. Pode ser tomado o décimo de cada dez domicílios para a amostra. O tamanho da amostra será de aproximadamente um décimo dos domicílios. Veja a Figura 2.7.

Figura 2.7 Amostra sistemática de domicílios

Quando o pesquisador considera que os bairros da cidade são formados por domicílios com rendimento mensal muito diferente, deve tomar uma amostra estratificada, isto é, considerar cada bairro como um estrato. Estabelece então um ponto de partida ao acaso em cada bairro e, a partir daí, percorre as ruas usando determinado sistema, por exemplo, toma o vigésimo de cada vinte domicílios para a amostra. Essa é uma *amostra estratificada sistemática*.

2.2.2 Amostra não probabilística

As amostras não probabilísticas são menos confiáveis que as probabilísticas, mas são mais baratas e mais fáceis de obter. Veremos aqui a amostra por quotas, a amostra de conveniência e a amostra de voluntários.

2.2.2.1 Amostra por quotas

Coletamos uma *amostra por quotas* quando a população é composta por elementos que pertencem a categorias visivelmente diferentes e o fato de pertencer à determinada categoria afeta a informação que buscamos. *Não fazemos o sorteio*, ao contrário: selecionamos as unidades que comporão a amostra por *julgamento*, pois chamamos para a amostra pessoas que acreditamos preencher os requisitos da quota. As quotas são planejadas antes de se fazer a amostragem e não precisam ser de tamanho proporcional ao que existe na população. Se um grupo é muito pequeno, deve entrar na quota. Veja a Figura 2.8: são 28 pessoas: 15 mulheres negras, uma mulher branca e 12 homens negros. Para selecionar ¼ da população, escolhem-se as primeiras três mulheres negras, a mulher branca e os primeiros três homens negros.

Figura 2.8 Amostra por quotas

A grande vantagem da amostra por quotas é ser barata. Por essa razão, é muito usada em levantamentos de opinião e pesquisas de mercado.

Exemplo 2.3: Uma amostra por quotas

A população de uma cidade é composta, de acordo com o Censo Demográfico, por 4/8 de jovens, 3/8 de adultos e 1/8 de idosos, descontadas as crianças. Você sai às ruas da cidade com a incumbência de entrevistar 400 pessoas selecionadas segundo a técnica de amostragem por quotas. Então entreviste: 200 jovens (4/8 de 400), 150 adultos (3/8 de 400) e 50 idosos (1/8 de 400), à sua escolha e conforme seu julgamento.

2.2.2.2 Amostra de voluntários

A *amostra de voluntários* é constituída por pessoas que se ofereceram para participar da amostra. Em geral, essas pessoas têm grande interesse no assunto. O critério para pertencer à amostra é do pesquisado, não do pesquisador. Por essa razão, os resultados podem ser muito tendenciosos. Por exemplo, se um professor pedir que três alunos se apresentem como voluntários para explicar uma atitude coletiva (como o fato de toda a classe ter se recusado a fazer uma prova), é provável que os líderes se apresentem – e não o rapaz tímido que queria fazer a prova.

2.2.2.3 Amostra intencional ou de conveniência

A *amostra intencional* é constituída pelas unidades às quais o pesquisador tem fácil acesso. Por exemplo, o professor que toma os alunos de sua classe como amostra de toda a escola está usando uma amostra de conveniência.

2.3 ERROS DE AMOSTRAGEM

2.3.1 Erro aleatório

O erro aleatório aparece porque os dados são coletados de uma amostra – *não de toda a população*. Por puro acaso, o pesquisador pode tomar uma amostra que não é representativa da população que quer estudar. Não existe garantia de que uma amostra de 1.000 ou 10.000 pessoas represente, verdadeiramente, a população de onde foi retirada. O erro aleatório é inerente ao processo de amostragem. Não há como evitá-lo.

2.3.2 Erro sistemático

Erros sistemáticos são aqueles consistentemente repetidos ao longo do tempo. Se você estiver pesando pessoas e sua balança não estiver devidamente calibrada (isto é, se sua balança estiver registrando sempre 1 kg para mais), você estará cometendo um erro sistemático. Os erros sistemáticos precisam ser identificados e corrigidos.

> *Tendência* ou *viés* é a divergência consistente, persistente, da estatística de uma amostra em relação ao parâmetro que se quer estimar.

No caso da balança que não está calibrada, as pesagens obtidas são tendenciosas. Entretanto, há outros tipos de erros sistemáticos, bastante comuns.

1. *Falta de respostas:* a amostra obtida pode *não* ser representativa da população sobre a qual o pesquisador quer informações – se faltarem muitos dados. No caso de questionários, os especialistas alertam sempre: quem responde é diferente de quem não responde. Recomendam então que a *taxa de resposta* seja de pelo menos 70%, isto é, pelo menos 70% dos amostrados deve responder às perguntas.
2. *Viés na resposta:* As pessoas às vezes dão resposta que *não* condiz com a verdade por conveniência (quando se pergunta sobre dinheiro), porque não se lembram (quando se pergunta a frequência de hábitos, como quantos cigarros fumaram na semana anterior), por timidez ou exibicionismo (perguntas sobre sexualidade), por ignorância (opinião sobre fatos políticos ou econômicos de que elas apenas têm noção, mas não têm opinião própria). É o que se chama viés na resposta. Difícil de detectar, o viés na resposta pode invalidar os resultados da pesquisa.
3. *Maneira errada de perguntar:* É preciso muito treino para saber perguntar. E é surpreendentemente difícil formular questões de maneira clara. Às vezes, a maneira de perguntar maximiza um tipo de resposta. Por exemplo, a questão "O senhor é a favor da pena de morte para reduzir a violência?" possivelmente obterá mais respostas positivas do que a questão "O senhor é a favor da pena de morte?".
4. *Cobertura insuficiente:* Nem sempre todos os membros da população são adequadamente representados na amostra. Isso acontece quando o pesquisador coleta uma amostra fácil de obter, como as pessoas que circulam em um *shopping*. Elas *não* são representativas dos moradores da cidade.

2.4 PESQUISAS DE OPINIÃO

> *Pesquisa de opinião* é uma técnica de pesquisa de *marketing* aplicado à sondagem da opinião pública, principalmente sobre questões políticas e sociais, mas também sobre outros assuntos. Nessas pesquisas, são levantados os pontos de vista de uma amostra de pessoas escolhidas aleatoriamente da população e *calculadas as estatísticas*.

As *prévias eleitorais* constituem o *exemplo mais visível de pesquisa de opinião* e, também, o mais controverso. As pessoas têm grande curiosidade de *saber o futuro* e – por conta disso – um possível resultado das eleições desperta muito interesse do público.

As pesquisas feitas nos períodos pré-eleitorais têm questões fáceis de responder. Em linhas gerais, a pergunta é: "Se a eleição fosse hoje, em quem o(a) senhor(a) votaria?". O pesquisador pode apresentar alguns nomes ao respondente (é a chamada *pesquisa estimulada*) ou apenas esperar a resposta (*pesquisa espontânea*).

Por ser fácil responder e o resultado ser de grande interesse, não há, nas prévias eleitorais, taxa expressiva de *falta de resposta*. A maior possibilidade de erro está no fato de as pessoas mudarem de opinião. Por essa razão, também são feitas as chamadas pesquisas de "boca de urna".

E por que as pessoas mudam de opinião? A explicação fica, sempre, por um "fato novo". Por exemplo, algumas pesquisas feitas nos dias anteriores ao pleito nas eleições de 1985 para as prefeituras chegaram a resultados muito diferentes dos apurados depois. O mais notório aconteceu na cidade de São Paulo. Liderava as prévias o candidato Fernando Henrique Cardoso que, às vésperas das eleições, participou de um debate na televisão e, perguntado se acreditava em Deus, titubeou. Outros candidatos se apressaram em realçar o fato e apontar um possível ateísmo como desabonador. Talvez tenha sido esse o fator que mudou o resultado apontado pelas prévias, pois foi eleito Jânio Quadros para prefeito.

No Brasil, as previsões de eleição têm se revelado bastante precisas, embora sempre exista a possibilidade de erro. No entanto, quem acompanha as prévias eleitorais feitas no Brasil e no mundo por diferentes institutos constata o alto grau de acerto. Claro, existe quem acredite que, publicada uma pesquisa, os eleitores passam a declarar seu voto para o candidato mais bem colocado. Contudo, se isso fosse verdade, o aumento de intenção de voto no candidato mais bem colocado nas primeiras prévias aumentaria, e em progressão geométrica. E isso não acontece.

Também são feitas *pesquisas de opinião* para levantar o que as pessoas pensam sobre assuntos de interesse público, como permissão para porte de armas, legalização de cassinos, descriminalização do uso da maconha. A argumentação – nesses casos – é a de que as pesquisas de opinião constituiriam a única maneira de o governo saber o que pensam os cidadãos. Os governantes estariam sob a pressão de partidos políticos, de lobistas, de assessores, de contribuintes de campanha. As pesquisas de opinião compensariam essa pressão e poderiam revelar áreas de preocupação. E amostras bem feitas dão resultados próximos aos do censo – pelo menos, não existem opiniões abalizadas que contradigam essa afirmativa.

O contra-argumento, nesses casos, é o de que deputados e senadores são eleitos para estudar assuntos de interesse público, ponderar sobre eles, discutir e tomar a melhor decisão – e não apenas obedecer aos resultados das pesquisas. Embora, em tese, o argumento seja bom, não se contrapõe às pesquisas de opinião que têm a finalidade única de levantar a opinião do público – o uso da opinião pública é decisão política dos legisladores.

No Brasil, há várias empresas de pesquisa de mercado que levantam não apenas a opinião do público sobre assuntos de interesse do governo, mas também a respeito de vários outros. Por exemplo, os índices de audiência de programas de rádio e televisão são levantados por empresas de pesquisa de mercado. A mais conhecida é, provavelmente, o Instituto Brasileiro de Opinião Pública e Estatística (IBOPE). Aliás, a expressão "dar ibope" é usada para indicar nível de prestígio ou índice de audiência. No entanto, há outras empresas que levantam informações sobre outros assuntos.

É sempre muito importante a maneira de proceder à *amostragem*. Alguns institutos, no Brasil, fazem pesquisa de opinião em *lugares de grande concentração* do público, outros fazem *sorteio da casa* que o pesquisador irá visitar. De qualquer forma, todos fazem amostragem por quotas. De posse da distribuição dos eleitores, por sexo, por idade e, de certa forma, por nível socioeconômico, os entrevistadores recebem a quantidade (a quota) de cidadãos de cada faixa de idade, sexo e nível socioeconômico que devem entrevistar. Tais amostras não são aleatórias. O problema da amostragem por quotas é a tendência de o entrevistador procurar quem melhor se encaixa na descrição e deixar de lado os pouco convencionais.

Será que as pesquisas de opinião realmente valem seu preço? O ponto mais sério que críticos mais inteligentes põem em dúvida é outro: talvez muitas pessoas nunca tenham pensado sobre determinados assuntos (os complexos, especialmente), até que um entrevistador faça algumas perguntas sobre eles. Para não parecerem ignorantes ou desinformadas, dão respostas impensadas. Por exemplo, se um entrevistador bate à porta de uma casa na hora do almoço e pergunta à pessoa que o atende qual é a expectativa dessa pessoa sobre a inflação no próximo mês, a resposta, mesmo que estimulada, provavelmente estará mais de acordo com a situação das contas pessoais de quem responde – ou, até mesmo, de seu estado de humor – do que com possíveis análises econômicas que tenha feito, ou de suas convicções políticas.

NESTE CAPÍTULO, VOCÊ APRENDEU QUE:

- *População* é o conjunto de elementos sobre os quais queremos informações.
- *Amostra* é todo subconjunto de elementos retirado da população para obter as informações que estamos pesquisando.
- *Parâmetro* é a característica numérica da *população*. É um número fixo, embora normalmente ninguém conheça seu valor.
- *Estatística* é a característica numérica da *amostra*.
- *Amostra casual simples* ou *amostra aleatória simples* é a amostra constituída de elementos retirados *inteiramente ao acaso* da população.

- A *amostra estratificada* é indicada quando a população é composta por elementos heterogêneos, que formam categorias ou estratos. Tomamos então, de cada estrato, ao acaso, um número de elementos que seja proporcional ao número deles na população.
- *Amostra sistemática* é constituída por elementos selecionados da população por um sistema previamente planejado.
- A *amostra por quotas* não é probabilística. Portanto, *não fazemos sorteio*, ao contrário: selecionamos as unidades que comporão a amostra por *julgamento*, isto é, chamamos para a amostra pessoas que acreditamos preencher os requisitos de cada quota, planejada antes de iniciar a pesquisa.
- A *amostra de voluntários* é constituída por pessoas que se ofereceram para participar da amostra.
- A *amostra intencional* é constituída por unidades reunidas em uma amostra porque o pesquisador tem fácil acesso a essas unidades.
- *Tamanho de amostra* (n) é o número de elementos que constituem a amostra.
- *Tendência* é a diferença consistente, persistente, da estatística em relação ao parâmetro que queremos estimar.

2.5 EXERCÍCIOS

1. Dada uma população com seis elementos, A, B, C, D, E, F, explique como você faria para obter, dessa população, uma amostra casual simples com três elementos.
2. Um professor de Educação Física pede que três alunos da turma se apresentem como voluntários para apostar uma corrida. É razoável imaginar que a amostra seja tendenciosa?
3. Descreva uma forma de obter uma amostra sistemática com 10 unidades de uma população com 100 unidades.
4. Explique a forma de obter uma amostra estratificada dos empregados de uma empresa, considerando que existem 100 empregados de escritório, 400 empregados de oficina e 200 representantes (vendedores externos) da empresa.
5. Dada uma população com três elementos, A, B e C, identifique todas as amostras possíveis de tamanhos 1 e de tamanho 2 que podem ser obtidas dessa população.
6. Um engenheiro mediu a qualidade do ar em 175 aviões que faziam voos domésticos.
    a) Esta é uma amostra de que população?

b) Quais são as unidades do estudo?
c) Que variável está sendo estudada?
d) Qual é o tamanho da amostra?

7. Um determinado tipo de controle remoto para televisão é fabricado em três cidades diferentes: 20% dos controles são fabricados na cidade A, 50% são fabricados na cidade B e 30% são fabricados na cidade C. Para verificar a qualidade dos controles remotos, o engenheiro de produção pediu 20 controles remotos produzidos em A, 50 produzidos em B e 30 produzidos em C. Foi obtida que tipo de amostra?

8. Uma enfermeira que trabalha em uma clínica quer saber que proporção dos pacientes lê a bula dos medicamentos que lhes são prescritos. Entrevista, então, pacientes que estão na sala de espera da clínica. Que tipo de amostra a enfermeira está coletando?

9. Um estudante de Engenharia Civil planeja fazer uma pesquisa para determinar a proporção de pessoas com Carteira Nacional de Habilitação (CNH) que usam cinto de segurança regularmente. Ele decide entrevistar seus colegas, nas cinco disciplinas que cursa.
    a) Qual é a população de interesse?
    b) Os colegas do estudante constituem uma amostra casual simples da população de interesse?
    c) Que tipo de amostra o estudante coletou?
    d) Você acha que a proporção obtida na amostra provavelmente superestima ou subestima a verdadeira proporção de todos os motoristas que usam o cinto de segurança regularmente?

10. Imagine que se pretenda fazer um levantamento de opinião pública para verificar se as pessoas são contra ou a favor do uso gratuito de ônibus pelos idosos. Pense em duas maneiras distintas de fazer a pergunta – uma que induza a resposta positiva e outra que induza a resposta negativa.

As respostas dos exercícios estão disponíveis no final do livro.

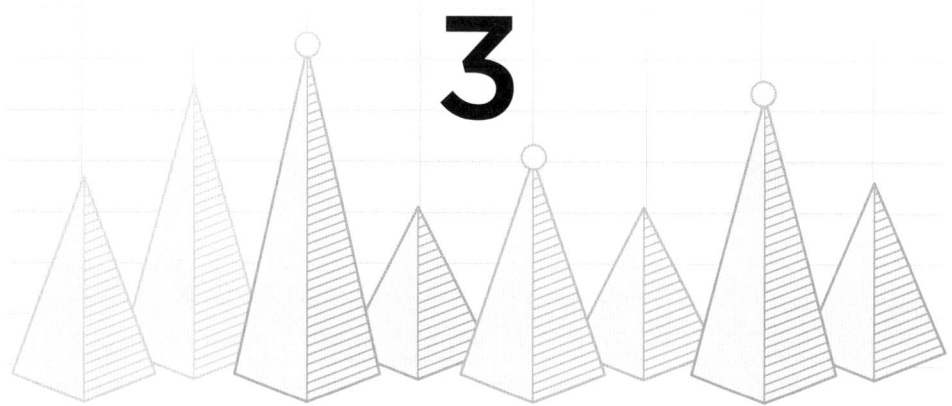

ORGANIZAÇÃO DE DADOS

> Depois de ler este capítulo, você será capaz de:
> 1. Dado o objetivo de uma pesquisa, desenhar a planilha para a coleta de dados.
> 2. De posse de um conjunto com poucos dados, fazer a apuração manualmente.
> 3. Organizar dados apurados em uma distribuição de frequências.
> 4. Calcular porcentuais e frequências acumuladas.
> 5. Organizar dados contínuos em distribuições de frequências.

Neste capítulo, é apresentada a maneira de registrar e apurar dados coletados. É mostrado como organizar uma distribuição de frequências e como calcular porcentagens, frequências acumuladas e porcentagens acumuladas, tanto para dados qualitativos como quantitativos. São apresentados vários exemplos.

3.1 COLETA DOS DADOS

> *Estatística* é a ciência que fornece os princípios e os métodos para coleta, organização, resumo, análise e interpretação de dados.

Para *coletar dados*, o pesquisador deve preparar uma *planilha*. Hoje, a maioria dos profissionais registra dados em *planilha eletrônica*, isto é, diretamente no computador. No entanto, dados também podem ser registrados em fichas, cadernos ou cadernetas, ou seja, na chamada *planilha física*.

As planilhas eletrônicas são construídas a partir de planilhas físicas, como as mostradas aqui. Vamos então aprender a desenhar planilhas físicas. Depois, se você quiser, organize estas e outras planilhas no computador.

> *Planilha* é o documento que armazena os dados coletados, distribuindo-os em linhas e colunas: nas planilhas eletrônicas, as linhas são numeradas e as colunas são indicadas por letras maiúsculas.

Figura 3.1 Célula D5, no cruzamento da coluna D com a linha 5

	A	B	C	D	E
1					
2					
3					
4					
5				D5	
6					

Veja um exemplo em que é razoável desenhar uma planilha em papel. Imagine que um grupo de 17 pessoas foi visitar um clube de tiro ao alvo. O treinador do clube informou que é considerado "bom de tiro" quem acerta quatro ou cinco tiros no alvo, em cinco tentativas. Alguém então sugere ao treinador anotar o número de tiros acertados por visitante, além do sexo e da idade. O treinador resolve anotar também a escolaridade de cada visitante. Veja como ficou a planilha.

Número	Nome	Sexo	Idade	Escolaridade	Acertos
1					
2					
3					
...					
16					
17					

Cap. 3 • ORGANIZAÇÃO DE DADOS

> *Dados brutos* são os dados na forma em que foram coletados, sem qualquer tipo de tratamento.

Veja, na planilha, os dados brutos registrados pelo treinador de tiro ao alvo.

Número	Nome	Sexo	Idade	Escolaridade	Acertos
1	Ademir	M	17	FC	3
2	Antônio	M	22	FC	5
3	Carlos	M	25	FC	2
4	Cláudia	F	19	SI	4
5	Dora	F	18	FC	3
6	Erasmo	M	32	SC	2
7	Helena	F	20	MC	0
8	Hélio	M	35	MI	1
9	João	M	27	FC	5
10	Laura	F	37	MI	5
11	Lúcia	F	23	MC	4
12	Maria	F	17	FC	3
13	Norberto	M	29	FC	4
14	Osmar	M	21	MC	1
15	Pedro	M	33	SC	0
16	Raul	M	41	MC	2
17	Sílvia	F	19	SI	3

Nota: O grau de escolaridade está indicado por letras: FC significa fundamental completo, MI médio incompleto, MC médio completo, SI superior incompleto, SC superior completo.

De posse dos dados brutos, o pesquisador precisa proceder à apuração.

3.2 APURAÇÃO DOS DADOS

> *Apuração* é o processo de retirar os dados da planilha e organizá-los, para apresentação.

No exemplo que estamos discutindo, foram anotadas, além do nome, quatro variáveis: sexo, idade, escolaridade, número de acertos de tiros no alvo. Note que sexo é variável *nominal*, idade é variável *contínua*, escolaridade é variável *ordinal* e número de acertos de tiros no alvo é variável *discreta*. Vamos ver então como se apura cada um desses tipos de variáveis.

3.2.1 Apuração de dados nominais

Se o grupo quiser saber quantos homens e quantas mulheres fizeram o teste, é preciso apurar. O treinador deve escrever em uma folha de papel:

Masculino

Feminino

Depois, o treinador deve examinar os registros e fazer um traço na linha correspondente a um dos sexos, toda vez que o registro indicar que o visitante é desse sexo. No exemplo dado em seguida, cada traço representa uma pessoa. O conjunto de quatro traços cortados por outro traço, em diagonal, representa cinco pessoas. É fácil verificar que havia dez homens e sete mulheres.

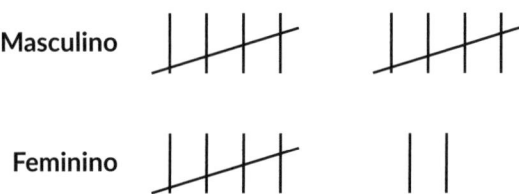

Pode ser adotado outro tipo de notação. Veja o exemplo dado em seguida. Cada traço representa uma pessoa e cada quadrado cortado pela diagonal representa cinco pessoas.

Outra maneira de fazer a contagem seria desenhar os quadrados para representar quatro pessoas e, em lugar de cortar a diagonal para representar a quinta pessoa, escrever a contagem, dentro do quadrado. Veja como.

Masculino 5 10

Feminino 5

É fácil apurar os dados do exemplo manualmente porque são poucos, mas não é fácil fazer a contagem de grupos grandes (por exemplo, 500 pessoas). De qualquer modo, vendo as anotações, o treinador diz facilmente que são 10 homens e sete mulheres, ou sete mulheres e 10 homens: a ordem em que são listados os sexos não importa, porque sexo é variável nominal.

3.2.2 Apuração de dados ordinais

Para apurar dados de escolaridade (ordinais), o procedimento é similar ao adotado para apurar dados nominais. A única diferença é a de que, para dados ordinais, impõe-se uma ordem. Contudo, a apuração também se faz por contagem.

Fundamental completo |||| || = 7

Médio incompleto || = 2

Médio completo |||| = 4

Superior incompleto || = 2

Superior completo || = 2

3.2.3 Apuração de dados discretos

Para apurar o número de acertos de tiros no alvo (dado discreto), o treinador deve fazer, também, uma contagem. Escreve os resultados respeitando a ordem numérica.

0 | | = 2

1 | | = 2

2 | | | = 3

3 | | | | = 4

4 | | | = 3

5 | | | = 3

3.2.4 Apuração de dados contínuos

Na maioria das vezes, os dados contínuos são apresentados na forma como foram coletados, porque assumem valores diferentes, mesmo em amostras pequenas. É o caso do exemplo que estamos apresentando: as pessoas que visitavam o clube de tiro tinham idades diferentes. No entanto, é possível organizar as idades por faixas, como veremos nas seções seguintes.

> **IMPORTANTE:** A apuração de dados faz-se facilmente em planilha eletrônica. O que estamos colocando aqui é a *racional* do trabalho. A sugestão é fazer alguns exercícios à mão e só depois procurar um computador.

3.3 DISTRIBUIÇÃO DE FREQUÊNCIAS

Dados nominais, ordinais e discretos, depois de apurados, devem ser organizados em *tabelas de distribuição de frequências*.

> *Frequência de uma categoria* é o número de vezes que essa categoria ocorre na amostra (ou seja, no conjunto de dados apurados).

> *Distribuição de frequências* é a maneira de apresentar as categorias (ou intervalos) dos dados apurados com as respectivas frequências.

3.3.1 Dados nominais

Para organizar dados nominais em uma tabela de distribuição de frequências escreva, *em coluna*, o nome da *variável* em estudo e logo abaixo, na mesma coluna, as *categorias* da variável. Em outra coluna, escreva as *frequências*. Cada frequência deve ficar na linha da respectiva categoria.

Reveja o exemplo do grupo de 17 visitantes do clube de tiro ao alvo. O treinador anotou o número de homens e o de mulheres para organizar os dados em uma tabela de distribuição de frequências. Para isso, deve escrever o nome da variável (sexo) e, em coluna, as categorias (masculino e feminino). As *frequências* são 10 visitantes do sexo masculino e sete do sexo feminino que, somadas, dão um total de 17 visitantes.

Sexo	Frequência
Masculino	10
Feminino	7
Total	17

3.3.2 Dados ordinais

Dados ordinais devem ser organizados em *tabelas de distribuição de frequências*. Escreva, na primeira coluna, o nome da variável em estudo e, logo abaixo, os nomes das categorias *em ordem crescente*. As frequências devem estar em outra coluna, mas nas linhas das respectivas categorias.

Como exemplo, considere que o treinador do clube de tiro resolveu organizar a distribuição de frequências para a variável escolaridade. O nome da *variável e suas categorias* foram escritos na primeira coluna e, na segunda coluna, as respectivas *frequências*.

Escolaridade	Frequência
Fundamental completo	7
Médio incompleto	2
Médio completo	4
Superior incompleto	2
Superior completo	2
Total	17

3.3.3 Dados discretos

Dados discretos também são organizados em *tabelas de distribuição de frequências*. Para isso, os valores que a variável pode assumir são colocados na primeira coluna, *em ordem crescente*. O número de vezes que cada valor se repete é escrito em outra coluna, mas nas respectivas linhas.

Reveja o exemplo do clube de tiro. O número de acertos obtidos pelas 17 pessoas está na distribuição de frequências dada em seguida.

Nº de acertos	Nº de pessoas
0	2
1	2
2	3
3	4
4	3
5	3
Total	17

3.3.4 Dados contínuos

Dados contínuos assumem valores diferentes, mesmo em amostras pequenas. Por essa razão, a menos que sejam em grande número, são apresentados na forma como foram coletados.

Considere, como exemplo, que o treinador do clube de tiro resolveu organizar as idades em uma tabela. Pode escrever os dados na ordem em que foram coletados, como segue:

17	18	27	29
22	32	37	21
25	20	23	33
19	35	17	41
			19

Quando em grande número, os dados contínuos podem ser organizados, para apresentação, em uma tabela de distribuição de frequências. Vamos entender como isso é feito por meio de novo exemplo.

Foram propostas muitas maneiras de avaliar a capacidade de uma criança para o desempenho escolar. Algumas crianças estão "prontas" para aprender a escrever aos cinco anos, outras, aos oito anos. Imagine que um professor aplicou o Teste de Desempenho Escolar (TDE) a 27 alunos da 1ª série do Ensino Fundamental. Os dados obtidos pelo professor estão apresentados em seguida.

7	18	111	25	101	85	81	75	100
95	98	108	100	94	34	99	84	90
95	102	96	105	100	107	117	96	17

Para dar ideia geral do desempenho escolar desses alunos, o professor deve organizar uma *distribuição de frequências*. No entanto, para isso, é preciso agrupar os dados em faixas, ou *classes*. Em quantas faixas ou classes podem ser agrupados os dados?

Uma regra prática é a seguinte: o número de classes deve ser aproximadamente igual à raiz quadrada do tamanho da amostra, representada por *n*.

$$\text{Número de classes} = \sqrt{n}$$

No exemplo, são 27 alunos. O tamanho da amostra é, portanto, $n = 27$. A raiz quadrada de 27 está entre 5 e 6. Portanto, podem ser organizadas cinco classes. Mas como?

Observe cuidadosamente o conjunto de dados. Ache o *valor mínimo*, o *valor máximo* e a *amplitude*.

Valor mínimo é o menor valor de um conjunto de dados.

Valor máximo é o maior valor de um conjunto de dados.

Amplitude é a diferença entre o valor máximo e o valor mínimo.

Para os valores obtidos pelos 27 alunos no Teste de Desempenho Escolar:

Valor mínimo = 7

Valor máximo = 117

Amplitude = 117 − 7 = 110

Obtida a amplitude dos dados, é preciso calcular a *amplitude das classes*.

> *Amplitude de classe* é dada pela divisão da amplitude dos dados pelo número de classes.

Para os dados do Teste de Desempenho Escolar, a amplitude (110) deve ser dividida pelo número de classes que já foi calculado (5):

$$110 \div 5 = 22$$

A *amplitude de classe* será, então, 22. Isso significa que:

- a primeira classe vai do valor mínimo, 7 até 7 + 22 = 29;
- a segunda classe vai de 29 a 29 + 22 = 51;
- a terceira classe vai de 51 a 51 + 22 = 73;
- a quarta classe vai de 73 a 73 + 22 = 95;
- a quinta classe vai de 95 a 95 + 22 = 117, inclusive.

Os valores que delimitam as classes são denominados *extremos*.

> *Extremos de classe* são os valores que delimitam as classes.

A questão, agora, é saber *como* as classes devem ser escritas. Alguém poderia pensar em escrever as classes como segue:

$$7 - 28$$
$$29 - 51 \text{ etc.}$$

No entanto, essa notação traz dúvidas. Como saber, por exemplo: para qual classe vai o valor 28,5? Esse tipo de dúvida é evitado indicando as classes como segue:

$$7 \vdash 29$$
$$29 \vdash 51 \text{ etc.}$$

Usando essa notação, fica claro que o intervalo é *fechado* à esquerda e *aberto* à direita. Então, na classe 7 ⊢ 29 estão *incluídos* os valores iguais ao extremo inferior da classe, que é 7 (o intervalo é fechado à esquerda), mas *não estão incluídos* os valores iguais ao extremo superior da classe, que é 29 (o intervalo é aberto à direita).

A indicação de que o intervalo é fechado é dada pelo lado esquerdo do traço vertical do símbolo ⊢. A indicação de intervalo aberto é dada pela ausência do traço vertical no lado direito do símbolo ⊢.

Cap. 3 • ORGANIZAÇÃO DE DADOS

Estabelecidas as classes, é preciso obter as *frequências*. Para isso, contam-se quantos alunos estão na classe de 7 a 29 (exclusive), quantos estão na classe de 29 a 51 (exclusive) etc. A distribuição de frequências pode então ser organizada como segue.

Classe	Frequência
7 ⊢ 29	4
29 ⊢ 51	1
51 ⊢ 73	0
73 ⊢ 95	6
95 ⊢ 117	16
Total	27

Pode, ainda, ser obtido o ponto central de cada classe.

Ponto central de classe é a média aritmética dos dois extremos de classe.

Para a classe 7 ⊢ 29, o valor central é

$$\frac{7+29}{2} = 18$$

Para a classe 29 ⊢ 51 o valor central é

$$\frac{29+51}{2} = 40$$

A distribuição de frequências fica, então, como segue:

Classe	Ponto central	Frequência
7 ⊢ 29	18	4
29 ⊢ 51	40	1
51 ⊢ 73	62	0
73 ⊢ 95	84	6
95 ⊢ 117	108	16
Total		27

Quando se trata da apresentação de dados quantitativos em classes, é conveniente lembrar a questão dos dados de idade. Você já deve ter notado que as pesquisas que tratam de idade apresentam resultados por *classes* ou – como é comum escrever – por *grupos de idade*. Isto porque fornecer as idades de todas as pessoas que participaram da pesquisa tornaria o texto cansativo para o leitor.

As faixas de idade são, em geral, escritas da seguinte forma: de 0 a 4 anos, de 5 a 9 anos, de 10 a 14 anos etc. Incluem-se na classe de 0 a 4 anos desde as crianças que acabaram de nascer até as que estavam na véspera de completar 5 anos. No caso de idade, essa convenção é clara porque coincide com a convenção social. Ninguém diz ter 30 anos antes de ter completado 30 anos. Então, uma criança com 4 anos e meio seria incluída na classe de 0 a 4 anos, e não na seguinte.

É conveniente, mas não é obrigatório, estabelecer intervalos iguais para todas as classes. Então, quando se organizam dados de idade em classes, é comum escolher intervalos iguais, como de 0 a 4, de 5 a 9, de 10 a 14, de 15 a 19 etc. No entanto, podem ser escolhidos intervalos diferentes, como de 0 a 4, de 5 a 9, de 10 a 14, de 15 a 19 e, daí em diante, intervalos de 10 anos, isto é, de 20 a 29, de 30 a 39 etc., como mostra o esquema dado em seguida:

De 0 a 4 anos
De 5 a 9 anos
De 10 a 19 anos
De 20 a 29 anos
De 30 a 39 anos
De 40 a 49 anos
De 50 a 59 anos
De 60 a 69 anos
70 anos e mais

Outro ponto importante: nem sempre existe interesse em apresentar todas as classes possíveis. Em alguns casos, a primeira classe pode incluir todos os elementos menores que determinado valor. Diz-se, então, que o extremo inferior da primeira classe não está definido. Como exemplo, veja a distribuição de frequências das pessoas conforme a altura, com as seguintes classes:

Menos de 150 cm
150 ⊢ 160 cm
160 ⊢ 170 cm etc.

Do mesmo modo, todos os elementos iguais ou maiores que determinado valor podem ser agrupados na última classe. Diz-se, então, que o extremo superior da última classe não está definido.

Muitos dos dados de idade publicados pelo Instituto Brasileiro de Geografia e Estatística (IBGE) estão em tabelas de distribuição de frequências com intervalos de classe diferentes e não têm o extremo superior definido. Isso se explica: pessoas com idades mais avançadas formam um grupo relativamente pequeno. No Censo Demográfico do Brasil 2010, a última classe não tem extremo superior definido: é 100 anos e mais.

Distribuição da população residente, segundo os grupos de idade Brasil – 2010

Grupos de idade	Frequência
0 a 4 anos	13796159
5 a 9 anos	14969375
10 a 14 anos	17166761
15 a 19 anos	16990870
20 a 24 anos	17245190
25 a 29 anos	17104413
30 a 34 anos	15744512
35 a 39 anos	13888581
40 a 44 anos	13009367
45 a 49 anos	11833351
50 a 54 anos	10140402
55 a 59 anos	8276219
60 a 64 anos	6509119
65 a 69 anos	4840810
70 a 74 anos	3741637
75 a 79 anos	2563448
80 a 84 anos	1666972
85 a 89 anos	819483
90 a 94 anos	326559
95 a 99 anos	98335
100 anos e mais	24236
Total	190755799

Fonte: IBGE, Censo Demográfico 2010.[1]

---

[1] Disponível em: <http://www.ibge.gov.br/home/estatistica/populacao/censo2010>. Acesso em: 9 ago. 2016.

Finalmente, é importante saber que, em alguns casos, as classes são estabelecidas, *a priori*, pelo próprio pesquisador, por uma autoridade no assunto ou por uma instituição superior.

No caso do Teste de Desempenho Escolar (TDE), para que possam ser comparados desempenhos de alunos de escolas diferentes, optou-se por estabelecer faixas *a priori*. Então, já existe uma classificação para cada aluno, segundo o escore (ou nota) que obtém no Teste de Desempenho Escolar (TDE). Para a 1ª série – que usamos como exemplo – a classificação para os escores é:

Escore	Classificação
Menor que 86	Inferior
86 ⊢ 106	Médio
106 e mais	Superior

Fonte: Stein (1994).[2]

De acordo com essa classificação, a distribuição de frequências dos escores de desempenho dos 27 participantes da pesquisa apresentados na seção 3.3.4 fica assim:

Escore	Classificação
Inferior	9
Médio	14
Superior	4

3.4 FREQUÊNCIA RELATIVA, PORCENTAGEM, FREQUÊNCIA ACUMULADA E FREQUÊNCIA RELATIVA ACUMULADA

3.4.1 Frequência relativa

É fácil entender as informações apresentadas em distribuições de frequências. Entretanto, as frequências dependem do *tamanho da amostra*: um em dez é mais importante que um em um milhão. Para ter visão do tamanho de uma categoria *em relação* ao tamanho da amostra, calculamos a frequência relativa.

---

[2] STEIN, L. M. *Teste de Desempenho Escolar (TDE)*: manual para aplicação e interpretação. São Paulo: Casa do Psicólogo, 1994.

> *Frequência relativa* de uma categoria é o resultado da divisão da frequência dessa categoria pelo número de dados (tamanho) da amostra.

$$\text{Frequência relativa} = \frac{\text{Frequência da categoria}}{\text{Tamanho da amostra}}$$

A soma das frequências relativas em uma distribuição de frequências é, obrigatoriamente, igual a 1.

3.4.2 Porcentagem

> *Porcentagem da categoria* é a frequência relativa dessa categoria multiplicada por 100.

$$\text{Porcentagem} = \text{Frequência relativa} \times 100$$

Porcentagem é a razão expressa como fração de 100. Você não deve confundir *porcentagem* com *por cento*. *Porcentagem* significa uma parcela ou uma porção; não é, portanto, acompanhada de número. Por exemplo: a porcentagem de alunos reprovados em matemática foi pequena. *Por cento* é a expressão que acompanha um número específico e é indicado com o símbolo %. Por exemplo: só 2% dos alunos foram reprovados em matemática.

Reveja o exemplo do grupo de 17 visitantes que se apresentou em um clube de tiro ao alvo. O treinador anotou o número de homens e o de mulheres e construiu a distribuição de frequências. Pode, então, obter as porcentagens de visitantes de cada sexo.

Sexo	Frequência	Frequência relativa	Porcentagem
Masculino	10	$\frac{10}{17} = 0{,}588$	$0{,}588 \times 100 = 58{,}5\%$
Feminino	7	$\frac{7}{17} = 0{,}412$	$0{,}412 \times 100 = 41{,}2\%$
Total	17	1,000	100,0%

3.4.3 Frequência acumulada

> *Frequência acumulada* da categoria é a frequência dessa categoria somada às frequências de todas as anteriores.

Reveja o exemplo do clube de tiro. O número de acertos obtidos pelos 17 visitantes foi apresentado pelo treinador em uma distribuição de frequências. Agora, é fácil calcular as frequências acumuladas.

Nº de acertos	Frequência	Frequência acumulada
0	2	2
1	2	2 + 2 = 4
2	3	3 + 2 + 2 = 7
3	4	4 + 3 + 2 + 2 = 11
4	3	3 + 4 + 3 + 2 + 2 = 14
5	3	3 + 3 + 4 + 3 + 2 + 2 = 17
Total	17	

A frequência acumulada da primeira classe é sempre igual à frequência dessa classe. Não existem classes anteriores à primeira. A última classe tem frequência acumulada igual ao total porque, para obter a frequência acumulada da última classe, somam-se as frequências de todas as outras classes.

3.4.4 Frequência relativa acumulada

Frequência relativa acumulada da categoria é a frequência relativa dessa categoria somada às frequências relativas de todas as anteriores.

Reveja o exemplo do clube de tiro. O número de acertos obtidos pelos 17 visitantes foi apresentado pelo treinador em uma distribuição de frequências. Calculadas as frequências acumuladas, é fácil obter as frequências relativas acumuladas.

Nº de acertos	Frequência	Frequência relativa	Frequência relativa acumulada
0	2	0,118	0,118
1	2	0,118	0,235
2	3	0,176	0,412
3	4	0,235	0,647
4	3	0,176	0,824
5	3	0,176	1,000
Total	17	1,000	

NESTE CAPÍTULO, VOCÊ APRENDEU QUE:

- *Planilha* é o documento que armazena os dados coletados, distribuindo-os em linhas e colunas.
- *Dados brutos* são os dados na forma em que foram coletados, sem qualquer tipo de tratamento.
- *Apuração* é o processo de retirar os dados brutos da planilha e organizá-los, para apresentação.
- *Frequência de uma categoria* é o número de vezes que essa categoria ocorre na amostra.
- *Distribuição de frequências* é a maneira de apresentar as categorias (ou intervalos) dos dados apurados com as respectivas frequências.
- *Valor mínimo* é o menor valor de um conjunto de dados.
- *Valor máximo* é o maior valor de um conjunto de dados.
- *Amplitude* é a diferença entre o valor máximo e o valor mínimo.
- *Amplitude de classe* é obtida pela divisão da amplitude dos dados pelo número de classes.
- *Extremos de classe* são os valores que delimitam as classes.
- *Ponto central* é a média aritmética dos dois extremos de classe.
- *Frequência relativa* de uma categoria é o resultado da divisão da frequência dessa categoria pelo número de dados da amostra.
- *Frequência acumulada* da categoria é a frequência dessa categoria somada às frequências de todas as anteriores.
- *Frequência relativa acumulada* da categoria é a frequência relativa dessa categoria somada às frequências relativas de todas as anteriores.

3.5 EXERCÍCIOS

1. Um professor do curso médio perguntou a cada um de seus alunos o ramo de conhecimentos que prefere estudar: Línguas e Literatura (L&L), Ciências Exatas (CE), Ciências Físicas e Naturais (F&N), Artes e Música (A&M). Faça a apuração dos dados e organize a distribuição das frequências.

A&M	L&L	F&N	A&M	F&N
L&L	L&L	L&L	L&L	A&M
F&N	A&M	CE	F&N	
CE	F&N	F&N	A&M	
CE	F&N	CE	L&L	

2. Uma cervejaria encomendou uma pesquisa de mercado direcionada aos consumidores de determinada marca de cerveja. Cada um desses consumidores recebeu três unidades de uma marca concorrente, sem rótulo. Depois de consumir as três unidades, cada consumidor deveria assinalar uma única resposta, considerando a cerveja da marca que experimentaram:

1: não compraria essa marca;
2: compraria essa marca se não tivesse a que eu costumo para comprar;
3: comprarei essa marca de vez em quando, para variar;
4: compraria tanto essa marca como a que eu costumo comprar;
5: passarei a comprar somente essa marca.

As respostas de 40 consumidores, em números, são dadas em seguida. Organize a distribuição de frequências e apresente os percentuais.

1	2	2	1
1	5	3	2
4	4	2	3
4	5	4	2
3	3	3	4
5	5	4	3
3	3	5	4
4	3	2	3
2	2	1	4
1	1	2	1

3. Reveja a distribuição de frequências que você organizou no exercício 2.
   a) Quantos consumidores tiveram reação negativa (respostas 1 e 2) à marca concorrente?
   b) Quantos mudarão de marca (5, na escala)?
   c) Quantos consideraram as marcas equivalentes (4, na escala)?

4. É dada uma tabela de distribuição de frequências que apresenta pesos, em quilogramas, de recém-nascidos vivos. a) Calcule as frequências relativa, acumulada e relativa acumulada. b) Qual é a porcentagem de recém-nascidos com menos de 3 kg? c) Quantos têm menos de 2 kg?

Distribuição de recém-nascidos vivos segundo o peso, em quilogramas

Classe	Ponto central	Frequência
0,50 ⊢ 1,00	0,75	1
1,00 ⊢ 1,50	1,25	3
1,50 ⊢ 2,00	1,75	22
2,00 ⊢ 2,50	2,25	115
2,50 ⊢ 3,00	2,75	263
3,00 ⊢ 3,50	3,25	287
3,50 ⊢ 4,00	3,75	99
4,00 ⊢ 4,50	4,25	32

5. São dadas as notas de matemática, obtidas por 40 alunos do 3º grau. Construa uma tabela de distribuição de frequências considerando classes com os seguintes intervalos:

0 ⊢ 5, 5 ⊢ 7, 7 ⊢ 9, 9 ⊢ 10, 10.

7	3	4	9	5	4	8	8	8	7
8	5	3	8	7	8	8	9	3	8
9	3	1	9	9	9	9	7	8	1
5	7	7	10	3	6	10	7	7	9

6. Se você precisasse apresentar o número de filhos tidos por mulheres com idades entre 15 e 50 anos, usaria que classes de idade para construir uma tabela de distribuição de frequências?

7. Os números de dias em que os empregados de uma empresa chegaram com atraso ao trabalho estão apresentados em seguida. Organize os dados em uma distribuição de frequências, considerando as seguintes classes: nenhum dia com atraso, 1 ou 2, 3 ou 4, 5 ou mais.

Distribuição dos empregados da empresa segundo número de dias em que chegaram com atraso ao trabalho

Nº de dias	Nº de empregados
0	32
1	12
2	7

Conclusão	
Nº de dias	Nº de empregados
3	5
4	2
5	1
6	2
7	0
8	1

8. Os escores obtidos em um Teste de Desempenho Escolar feito por 21 alunos da 1ª série do ensino fundamental são dados em seguida.

   a) Construa uma distribuição de frequências com cinco classes.

   b) Organize outra tabela usando a classificação recomendada nos Testes de Desempenho Escolar: valores menores ou iguais a 111 são classificados como desempenho inferior; entre 112 e 121, como desempenho médio; iguais ou maiores que 122 como desempenho superior.

118	111	107
99	119	119
113	123	112
122	118	83
115	121	104
98	109	107
123	84	95

9. São dados os tipos de sangue de 40 doadores que se apresentaram no mês em um banco de sangue: B; A; O; A; A; A; B; O; B; A; A; AB; O; O; A; O; O; A; A; B; A; A; A; O; O; O; A; O; A; O; O; A; O; AB; O; O; A; AB; B; B. Apresente os dados em uma tabela de distribuição de frequências.

10. Pergunte a seus colegas de classe durante quanto tempo eles estudaram para fazer determinada prova. Organize os dados em uma tabela de distribuição de frequências. Depois, pergunte ao professor quanto tempo seria necessário estudar para fazer uma boa prova. Compare.

As respostas dos exercícios estão disponíveis no final do livro.

4

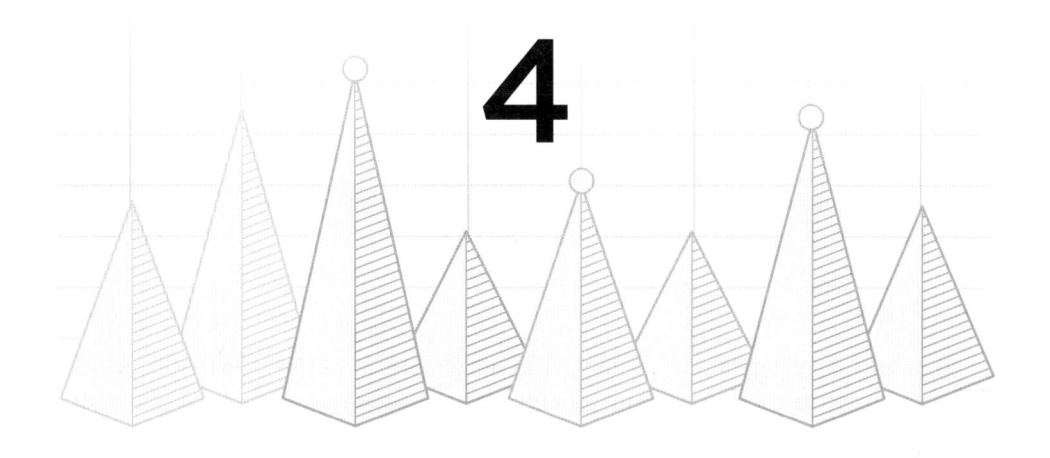

CONSTRUÇÃO DE TABELAS

Depois de ler este capítulo, você será capaz de:

1. Conceituar tabela e saber sua finalidade em um texto.
2. Organizar um conjunto de dados em uma tabela.
3. Verificar se uma tabela atende às normas estabelecidas pelo Instituto Brasileiro de Geografia e Estatística (IBGE).
4. Identificar os elementos de uma tabela.

Neste capítulo, são apresentadas as normas que devem ser seguidas na elaboração de tabelas de dados, por meio de exemplos. É enfatizada a importância de fornecer informações com clareza.

4.1 TABELAS

Tabela é uma forma não discursiva de apresentar informações, das quais o dado numérico se destaca como informação central (IBGE, 1993).

Uma tabela deve exibir mais *espaços com números* que espaços sem números. Veja a Tabela 4.1.

Tabela 4.1 População residente, segundo o sexo – Censo Demográfico 2010

Sexo	População residente	Porcentagem
Homens	93.406.990	48,97%
Mulheres	97.348.809	51,03%
Total	190.755.799	100,00%

Fonte: IBGE – Censo Demográfico 2010.[1]

A tabela deve ter tamanho adequado ao texto em que está inserida. Ainda, deve ter significado próprio, para ser entendida mesmo quando não se lê o texto.

4.2 PRINCIPAIS ELEMENTOS DAS TABELAS

Tabelas são formadas pelos seguintes elementos: número, título, cabeçalho, indicador de linha, dado numérico, moldura.

> *Número* é o identificador numérico da tabela, em um conjunto de tabelas.

O número deve ser dado em *algarismos arábicos* e deve suceder a palavra *Tabela*. É recomendada a *numeração progressiva* por seções ou por capítulos. Por exemplo: Tabela 4.1 é a primeira tabela do Capítulo 4.

> *Título* explica o tipo de dado que a tabela contém.

O título deve ser colocado acima dos dados, sem ponto final.

Devem ficar evidentes, no título: a *natureza* dos dados, a *abrangência geográfica* (local da coleta dos dados) e a *abrangência temporal* (época em que os dados foram coletados).

Observe o título da Tabela 4.1: explica a *natureza* dos dados (população residente), a *abrangência geográfica* (Brasil) e a *abrangência temporal* (2010).

> *Cabeçalho* especifica o conteúdo de cada coluna.

Na Tabela 4.1, o cabeçalho diz o que está contido em três colunas: na primeira, a variável coletada (sexo); na segunda, a população residente (número de pessoas residentes no Brasil); e na terceira, a porcentagem.

---

[1] Disponível em <http://www.ibge.gov.br/home/estatistica/populacao/censo2010>. Acesso em: 7 jun. 2016.

> *Indicador de linha* especifica o conteúdo de cada linha.

Na Tabela 4.1, a primeira linha (logo abaixo do cabeçalho) apresenta dados sobre homens; a segunda linha apresenta dados sobre mulheres; a terceira linha apresenta o total.

> *Dado numérico* é a quantificação do fato observado.

No Censo Demográfico de 2010, a população residente no Brasil foi contada, ou seja, quantificada. A Tabela 4.1 expõe os dados (números) obtidos.

> *Moldura* é o conjunto de traços que dão estrutura aos dados numéricos e aos termos necessários à sua compreensão.

De acordo com as normas:

- Tabelas devem ser delimitadas, no alto e embaixo, por traços horizontais.
- Tabelas *não* devem ser delimitadas, à direita e à esquerda, por traços verticais.
- O cabeçalho deve ser delimitado por traços horizontais.
- Para maior clareza, podem ser feitos traços verticais no interior da tabela separando as colunas.
- Podem ser feitos traços verticais no interior do cabeçalho para separar o que as colunas contêm.

> *Célula* é o espaço na tabela resultante do cruzamento de uma linha com uma coluna.

As células existem *para apresentar dados numéricos*. Logo, nenhuma célula deveria ficar em branco. No entanto, isso acontece em trabalhos acadêmicos e escolares.

De qualquer modo, nas tabelas apresentadas por órgãos ou instituições oficiais, *não* podem aparecer células em branco. São recomendados os sinais convencionais propostos pelo IBGE, tais como:

1) .. Não se aplica dado numérico;
2) ... Dado numérico não disponível;
3) x Dado omitido a fim de evitar a individualização da informação;
4) 0; 0,0; 0,00 Dado numérico igual a zero resultante de arredondamento de um dado numérico originalmente positivo.

4.3 ELEMENTOS EVENTUAIS

As tabelas ainda podem conter os seguintes elementos: fonte, notas e chamadas.

> *Fonte* identifica a pessoa física ou jurídica responsável pelos dados.

A fonte deve ser colocada na primeira linha do rodapé da tabela, precedida pela palavra Fonte. Observe a Tabela 4.1: os dados ali apresentados são da responsabilidade do IBGE (Instituto Brasileiro de Geografia e Estatística), conforme explica a fonte.

Não se indica a fonte nos casos em que os dados foram obtidos pelo pesquisador, ou pelo grupo de pesquisadores, ou pela instituição que apresenta a tabela.

> *Notas* são informações de natureza geral que servem para esclarecer o conteúdo das tabelas ou para explicar o método utilizado no levantamento dos dados.

As notas devem ser colocadas no rodapé da tabela, logo após a fonte e numeradas, se for o caso. Veja a Tabela 4.2: a nota esclarece que parte das informações levantadas no Censo Demográfico de 1950 foi perdida.

Tabela 4.2 População brasileira presente, com 15 anos e mais, segundo a alfabetização – Censo Demográfico 1950

Alfabetização	População presente
Sabem ler e escrever	14.916.779
Não sabem ler e escrever	15.272.632
Sem declaração	60.012
Total	30.249.423

Fonte: IBGE (1977).

Nota: Exclusive 31.960 pessoas recenseadas nos Estados de Minas Gerais (10.461), São Paulo (7.588) e Paraná (13.911), cujas declarações não foram apuradas por extravio de material de coleta.

> *Chamadas* são informações de natureza específica que servem para explicar ou conceituar determinados dados.

Observe: no rodapé da Tabela 4.3 há *chamadas, e não notas*, porque são informações de *natureza específica* que explicam o tipo de dados que a tabela contém.

Tabela 4.3 População nos Censos Demográficos Brasil – 1872/2010

Ano do censo	População
1872[1]	9.930.478
1980[1]	14.333.915
1900[1]	17.438.434
1920[1]	30.635.605
1940[1]	41.236.315
1950[1]	51.944.397
1960[2]	70.992.343
1970[2]	94.508.583
1980[2]	121.150.573
1991[2]	146.917.459
2000[2]	169.590.693
2010[2]	190.755.799

Fonte: IBGE – Censo Demográfico 2010.[2]
(1) População presente.
(2) População residente.

As chamadas devem obedecer as seguintes regras:

- Toda chamada deve ser indicada por algarismo arábico, entre parênteses, entre colchetes ou exponencial. O algarismo arábico que indica a chamada deve ser escrito à esquerda, na célula e à direita, no cabeçalho ou no indicador de linha.
- Se houver mais de uma chamada na mesma tabela, os números devem ser escritos sucessivamente, de cima para baixo e da esquerda para a direita.
- As chamadas são colocadas no rodapé da tabela, em ordem numérica e separadas por pontos.
- Quando a tabela ocupa várias páginas, as chamadas devem ser apresentadas na primeira página em que aparecem.

---

[2] Disponível em: <http://www.ibge.gov.br/home/estatistica/populacao/censo2010>. Acesso em: 7 jun. 2016.

4.4 DIRETRIZES IMPORTANTES

Na apresentação de tabelas devem ser claramente indicados:

- Quando dois ou mais tipos de informação estiverem agrupados em um só conjunto, esse conjunto entra na tabela sob a denominação "Outros".
- Se a tabela apresentar dados obtidos por questionário e parte das pessoas não respondeu, o número dessas pessoas deve ser indicado na tabela sob a especificação "Não sabe" ou "Não declarou". Veja a Tabela 4.4.

Tabela 4.4 Distribuição percentual da população residente, segundo os grupos de religião Brasil – 2000/2010

Grupos de religião	2000	2010
Católica Apostólica Romana	73,6	64,6
Evangélicas	15,4	22,2
Evangélicas de missão	4,1	4,0
Evangélicas de origem pentecostal	10,4	13,3
Evangélicas de origem não determinada	1,0	4,8
Espírita	0,3	2,0
Umbanda e candomblé	1,3	0,3
Sem religião	7,4	8,0
Outras religiosidades	1,8	2,7
Não sabe/não declarou	0,2	0,1

Fonte: IBGE – Censo Demográfico 2010.[3]

Nos trabalhos acadêmicos, o *total* é apresentado na última linha, entre dois traços horizontais.

Na apresentação de dados oficiais, o total é apresentado na primeira linha, como faz o IBGE. Veja a Tabela 4.5.

A tabela deve ser colocada no texto em posição tal que não seja necessária rotação da página para leitura. Caso isso não seja possível, a tabela deve ser

---

[3] Disponível em: <http://www.ibge.gov.br/home/estatistica/populacao/censo2010>. Acesso em: 8 jun. 2016.

escrita em posição tal que a rotação da página, necessária para a leitura, seja feita em sentido horário.

Contudo, existem outras recomendações para as tabelas muito longas:

- Se a tabela precisa ser apresentada em duas ou mais páginas, o cabeçalho deve ser repetido em todas as páginas. O título deve ser escrito apenas na primeira página; nas outras se escreve, no lugar do título, "continua" e na última escreve-se "conclusão". O traço inferior que serve para delimitar a tabela deve ser feito somente na última página. Observe o esquema dado na figura a seguir; na página 4 está apresentado o "título", nas páginas 5 e 6 está escrito "continua" e, na última página, "conclusão".

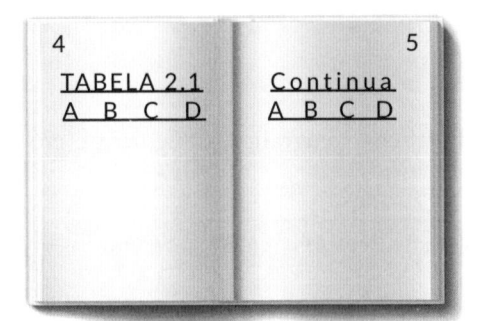

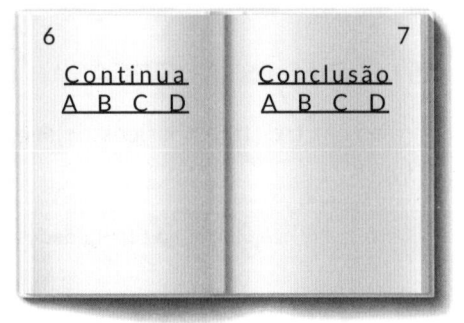

4	5	6	7
TABELA 2.1	Continua	Continua	Conclusão
A B C D	A B C D	A B C D	A B C D

- As tabelas com muitas linhas e poucas colunas ficam com melhor aspecto se as colunas forem organizadas em duas ou mais partes, escritas lado a lado. Essas partes são separadas por dois traços verticais. Nesses casos, o cabeçalho deve indicar o conteúdo das colunas em todas as partes, como mostra o esquema dado em seguida:

Idade	Peso	Idade	Peso	Idade	Peso

- As tabelas com muitas colunas precisam ocupar duas páginas que se confrontam, por exemplo, as páginas 10 e 11. Para facilitar a leitura, as linhas devem receber um número de ordem. O número de ordem é escrito na primeira coluna da página à esquerda e na última coluna da página à direita. Veja o esquema dado em seguida:

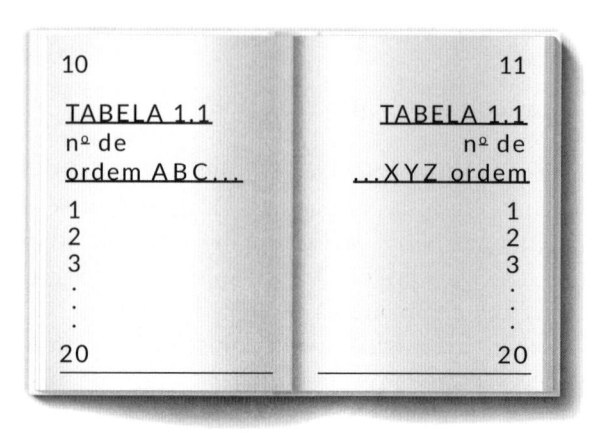

4.5 SÉRIES ESTATÍSTICAS

Existem três tipos básicos de séries estatísticas: geográfica, categórica e cronológica.

Série geográfica: apresenta dados de diferentes locais ou regiões geográficas.

Nas séries geográficas escrevem-se países segundo o continente; municípios e cidades segundo as unidades da federação; distritos e vilas segundo o município. A Tabela 4.5 apresenta uma série geográfica.

Tabela 4.5 População residente segundo as Grandes Regiões Brasil – 2010

Grande Região	População residente
BRASIL	190 755 799
Norte	15 864 454
Nordeste	53 081 950
Sudeste	80 364 410
Sul	27 386 891
Centro-Oeste	14 058 094

Fonte: IBGE – Censo Demográfico 2010.[4]

---

[4] Disponível em: <http://www.ibge.gov.br/home/estatistica/populacao/censo2010>. Acesso em: 8 jun. 2016.

Série categórica: é feita para apresentar dados que se distribuem em diferentes categorias.

Nas séries categorias, as categorias são apresentadas na ordem de preferência de quem faz a tabela. Veja a Tabela 4.1: a ordem em que estão listados os sexos não importa.

Série temporal: apresenta dados observados ao longo do tempo.

Quando se constrói uma série temporal, é preciso observar rigorosamente a ordenação de dias, de meses, de anos. Assim, numa série temporal, 1980 antecede 1990, 1 ano antecede 2 anos, e assim por diante. Veja a Tabela 4.6.

Série mista: são combinações de dois tipos de série.

Os dados de diferentes regiões ao longo do tempo constituem uma série mista geográfico-temporal. Os dados de diferentes categorias, distribuídos em diferentes regiões geográficas, constituem uma série mista categórico-geográfica.

A Tabela 4.6 apresenta um exemplo de série mista geográfico-cronológica. É dada a taxa de fecundidade total[5] nas Grandes Regiões do Brasil, obtidas nos Censos Demográficos de 1940 a 2010.

Tabela 4.6 Taxa de fecundidade segundo as Grandes Regiões – 1940/2010

Grandes Regiões	Taxa de fecundidade total							
	1940	1950	1960	1970	1980	1991	2000	2010
BRASIL	6,16	6,21	6,28	5,76	4,35	2,89	2,38	1,9
Norte	7,17	7,97	8,56	8,15	6,45	4,2	3,16	2,47
Nordeste	7,15	7,5	7,39	7,53	6,13	3,75	2,69	2,06
Sudeste	5,69	5,45	6,34	4,56	3,45	2,36	2,1	1,7
Sul	5,65	5,7	5,89	5,42	3,63	2,51	2,24	1,78
Centro-Oeste	6,36	6,86	6,74	6,42	4,51	2,69	2,25	1,92

Fonte: IBGE – Censo Demográfico 2010.[6]

---

[5] *Taxa de fecundidade* é uma estimativa do número médio de filhos por mulher que esteja em idade de ser mãe, entre 15 e 49 anos.
[6] Disponível em: <http://www.ibge.gov.br/home/estatistica/populacao/censo2010>. Acesso em: 8 jun. 2016.

NESTE CAPÍTULO, VOCÊ APRENDEU QUE:

- *Tabela* é uma forma não discursiva de apresentar informações, das quais o dado numérico se destaca como informação central.
- *Número* é o identificador numérico da tabela, em um conjunto de tabelas.
- *Título* explica o tipo de dado que a tabela contém.
- *Cabeçalho* especifica o conteúdo de cada coluna.
- *Indicador de linha* especifica o conteúdo de cada linha.
- *Dado numérico* é a quantificação de um fato específico observado.
- *Moldura* é o conjunto de traços que dão estrutura aos dados numéricos e aos termos necessários à sua compreensão.
- *Célula* é o espaço resultante do cruzamento de uma linha com uma coluna.
- *Fonte* identifica o responsável (pessoa física ou jurídica) pelos dados.
- *Notas* são informações de natureza geral que servem para esclarecer o conteúdo das tabelas ou para explicar o método utilizado no levantamento dos dados.
- *Chamadas* são informações de natureza específica que servem para explicar ou conceituar determinados dados.
- *Série geográfica:* apresenta dados de diferentes locais ou regiões geográficas.
- *Série categórica*: apresenta dados das diferentes categorias de uma variável.
- *Série cronológica:* apresenta dados observados ao longo do tempo.

4.6 EXERCÍCIOS

1. Construa uma tabela para apresentar a altura e o peso de oito meninos com idades de 3, 4, 5, 6, 7, 8, 9 e 10 anos. As alturas, em centímetros, e os pesos, em quilogramas, são dados a seguir, por ordem de idade.
   Alturas: 94; 100; 107; 113; 118; 124; 129; 133.
   Pesos: 14,4; 16,0; 18,0; 19,9; 21,6; 24,1; 26,5; 29,0.

2. Peso ao nascer depende da idade gestacional (tempo de gestação). São dados os pesos médios (BERTAGNON, 2010, p. 1-4) em gramas de crianças nascidas nas seguintes faixas de idade gestacional: de 22 até 27 semanas; de 28 até 31 semanas; de 32 até 37 semanas; de 38 até 41 semanas e mais de 41 semanas: 750; 1350; 2425; 3205; 3385. Construa uma tabela para apresentar esses dados.

3. O Censo Demográfico 2010 buscou levantar dados sobre pessoas com algum tipo de deficiência. Nos 23,9% casos declarados de portadores das deficiências, 18,8% declararam deficiência visual, 5,1% deficiência

auditiva, 7,0% deficiência motora e 1,4% deficiência mental ou intelectual. Apresente esses dados numa tabela.

Fonte: Cartilha do Censo 2010: Pessoas com deficiência (SDH/PR, 2012).

4. No Censo Demográfico 2010[7] foram feitas entrevistas em 56,5 milhões de domicílios, do total de 67,5 milhões de domicílios recenseados, ou seja, em 83,7% dos domicílios existentes no Brasil. Foram classificados como fechados 899 mil domicílios (1,3%), nos quais não foi possível realizar as entrevistas, mas havia evidências de que existiam moradores. Estavam vagos 6,1 milhões (9,0%) de domicílios, ou seja, esses domicílios não tinham morador na data de referência. Os domicílios de uso ocasional, que somaram 3,9 milhões (5,8%), são aqueles que servem ocasionalmente de moradia, usados para descanso de fins de semana, férias ou outra finalidade. O número de domicílios coletivos (hotéis, pensões, presídios, quartéis, postos militares, asilos, orfanatos, conventos, alojamento de trabalhadores etc.) foi de 110 mil (0,1%). Apresente esses dados numa tabela.

5. É dada a taxa de fecundidade no Brasil em oito Censos Demográficos, ou seja, de 1940 a 2010: 6,16; 6,21; 6,28; 5,76; 4,35; 2,89; 2,38; 1,90. Faça a tabela para apresentação dos dados, lembrando que os censos foram feitos em anos terminados em zero, com exceção de 1991.

   Nota: Esta questão foi feita no ENEM-2013.[8] A fonte é IBGE, Censo Demográfico 2010.

6. Qual das seguintes consequências demográficas gerou o processo registrado no Exercício 5?

   a) Decréscimo da população absoluta.

   b) Redução do crescimento vegetativo.

   c) Diminuição da proporção de adultos.

   d) Expansão de políticas de controle da natalidade.

   e) Aumento da renovação da população economicamente ativa.

   O que você pode comentar?[9]

---

[7] Domicílios recenseados, por espécie, segundo as unidades da Federação e os municípios – 2010. Disponível em: <https://censo2010.ibge.gov.br/sinopse/index.php?dados=22&uf=53>. Acesso em: 20 out. 2017.

[8] Disponível em: <http://educacao.globo.com/provas/enem-2013/questoes/7.html>. Acesso em: 2 set. 2016.

[9] Questão 7, Enem 2013, Educação. Disponível em: <educacao.globo.com/provas/enem-2013/questoes/7.html>. Acesso em: 2 set. 2016.

Nota: Esta questão foi feita no ENEM-2013.[10] A fonte é IBGE, Censo Demográfico 2010.

7. Dada a Tabela 4.7, o que você pode comentar?

Tabela 4.7 Distribuição percentual da população brasileira segundo grupos de idade e o ano do censo

Grupo de idade	Censo Demográfico			
	1980	1991	2000	2010
0-14 anos	38,24%	34,73%	29,60%	24,08%
15-64 anos	57,74%	60,45%	64,55%	68,54%
65 anos ou mais	4,01%	4,83%	5,85%	7,38%

Fonte: IBGE – Censo Demográfico 2010.[11]

8. A taxa de desocupação[12] subiu em todas as Grandes Regiões do país, fechando o segundo trimestre do ano 2016 em 11,3% comparativamente ao mesmo período de 2015.[13] Os dados foram divulgados pelo Instituto Brasileiro de Geografia e Estatística (IBGE) em 17 de agosto de 2016 e indicam que as taxas são as mais altas já registradas para cada uma das regiões do país, desde o início da Pesquisa Nacional por Amostra de Domicílio Contínua (PNAD Contínua), em janeiro de 2012. Na região Norte, a taxa de desocupação foi de 8,5% para 11,2%; no Nordeste, de 10,3% para 13,2%; no Sudeste, de 8,3% para 11,7%; no Sul, de 5,5% para 8,0%; e no Centro-Oeste, de 7,4% para 9,7%. Construa uma tabela para apresentar esses dados.

9. Segundo a Pesquisa Nacional por Amostra de Domicílios 2009 (PNAD 2009)[14] feita pelo IBGE,[15] o número médio de filhos por mulher em 2009

---

[10] Disponível em: <http://educacao.globo.com/provas/enem-2013/questoes/7.html>. Acesso em: 2 set. 2016.
[11] Disponível em: <http://www.ibge.gov.br/home/estatistica/populacao/censo2010/>. Acesso em: 7 jun. 2016.
[12] Taxa de desocupação (ou desemprego aberto) – percentagem das pessoas desocupadas, em relação às pessoas economicamente ativas.
[13] Disponível em: <http://agenciabrasil.ebc.com.br/economia/noticia/2016-08/desemprego>. Acesso em: 8 jun. 2016.
[14] A principal finalidade desse tipo de pesquisa é a de suprir a falta de informações sobre a população brasileira durante o período intercensitário.
[15] Disponível em: <http://www.ibge.gov.br/home/presidencia/noticias/noticia>. Acesso em: 13 set. 2016.

era 1,94, mas havia importantes desigualdades sobretudo em função da escolaridade. No país como um todo, as mulheres com até 7 anos de estudo tinham, em média, 3,19 filhos, quase o dobro do número de filhos (1,68) daquelas com 8 anos ou mais de estudo (ao menos o ensino fundamental completo). Construa uma tabela para apresentar esses dados.

10. Dados divulgados pelo Instituto Brasileiro de Geografia e Estatística (IBGE)[16] indicam que algumas características dos domicílios permanentes não mudaram muito, de 2013 para 2014. A iluminação elétrica aumentou de 99,6% para 99,7%; a coleta de lixo, de 89,4% para 89,8%; a rede geral de abastecimento de água, de 85,0% para 85,4%; a telefonia, de 92,5% para 93,5%; o esgotamento sanitário adequado de 76,2% para 76,8%. Construa uma tabela para apresentar esses dados.[17]

As respostas dos exercícios estão disponíveis no final do livro.

---

[16] Pesquisa Nacional por Amostra de Domicílio 2015.
[17] Disponível em: <http://brasilemsintese.ibge.gov.br/habitacao/caracteristicas-dos-domicilios.html>. Acesso em: 15 set. 2016.

5

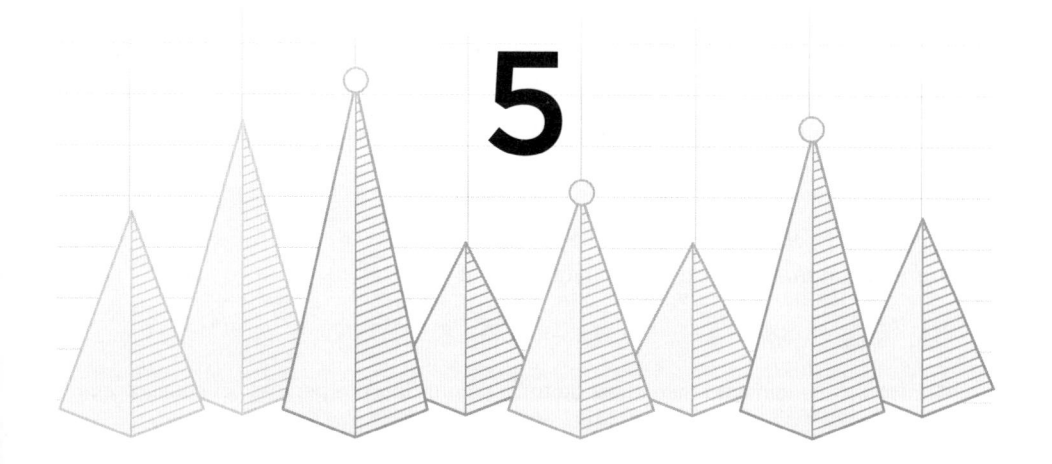

CONSTRUÇÃO DE GRÁFICOS

Depois de ler este capítulo, você será capaz de:

1. Desenhar um gráfico de barras ou de colunas, tendo em mãos uma tabela de distribuição de frequências com dados qualitativos.
2. Desenhar um gráfico de setores (*pizza*) ou um gráfico de rosca, tendo uma tabela de distribuição de frequências com dados qualitativos que configurem 100% de um conjunto de informações.
3. Desenhar um gráfico de pontos, tendo em mãos dados quantitativos.
4. Tendo uma tabela de distribuição de frequências com dados quantitativos distribuídos em classes, desenhar um histograma ou um polígono de frequências.

Este capítulo apresenta, por meio de exemplos, os conceitos e os procedimentos que devem ser seguidos no desenho dos gráficos mais comuns em trabalhos de estatística. É enfatizada a necessidade de dar clareza às informações.

5.1 GRÁFICOS

Os dados apresentados em tabelas trazem informação sobre o assunto em estudo. No entanto, figuras sempre causam maior impacto. Para chamar a atenção do leitor, os estatísticos expõem dados em *gráficos* bem editados e, em geral, coloridos.

Veja o Gráfico 5.1, que mostra o rendimento médio real do trabalho das pessoas ocupadas, homens e mulheres. A fonte é Pesquisa Nacional por Amostra de Domicílio Contínua trimestral, do IBGE.[1] Fica fácil ver que em 2017 homens ganhavam em média bem mais que mulheres.

Os gráficos estatísticos devem ter:

- *título*, escrito logo acima do gráfico;
- *fonte e notas*, se houver, escritas abaixo do gráfico.

Gráfico 5.1 Rendimento médio real do trabalho principal das pessoas ocupadas, por mês Brasil – 3º trimestre 2017

Mulheres: R$ 1.735,00

Homens: R$ 2.291,00

5.2 APRESENTAÇÃO GRÁFICA DE DADOS QUALITATIVOS

5.2.1 Gráfico de barras

Você pode desenhar um *gráfico de barras*[2] para apresentar dados qualitativos que estão em uma tabela de distribuição de frequências. Cada categoria da variável é representada na forma de uma *barra* (retângulo). Observe a série geográfica da Tabela 5.1, apresentada no Gráfico 5.2.

---

[1] Disponível em: <https://sidra.ibge.gov.br/tabela/5436>. Acesso em: 21 nov. 2017.
[2] O programa Excel, muito usado para o desenho de gráficos, denomina *gráfico de colunas* o gráfico feito com as barras em posição vertical (como os apresentados nos Gráficos 5.2, 5.3 e 5.4). No entanto, o nome técnico desse gráfico é gráfico de barras (em inglês, *bar graph*).

Cap. 5 • CONSTRUÇÃO DE GRÁFICOS

Tabela 5.1 População residente segundo as Grandes Regiões Brasil – 2010

Grande Região	População recenseada
Brasil	190.755.799
Norte	15.864.454
Nordeste	53.081.950
Sudeste	80.364.410
Sul	27.386.891
Centro-Oeste	14.058.094

Fonte: IBGE – Censo Demográfico 2010.[3]

Gráfico 5.2 População residente segundo as Grandes Regiões Brasil – 2010

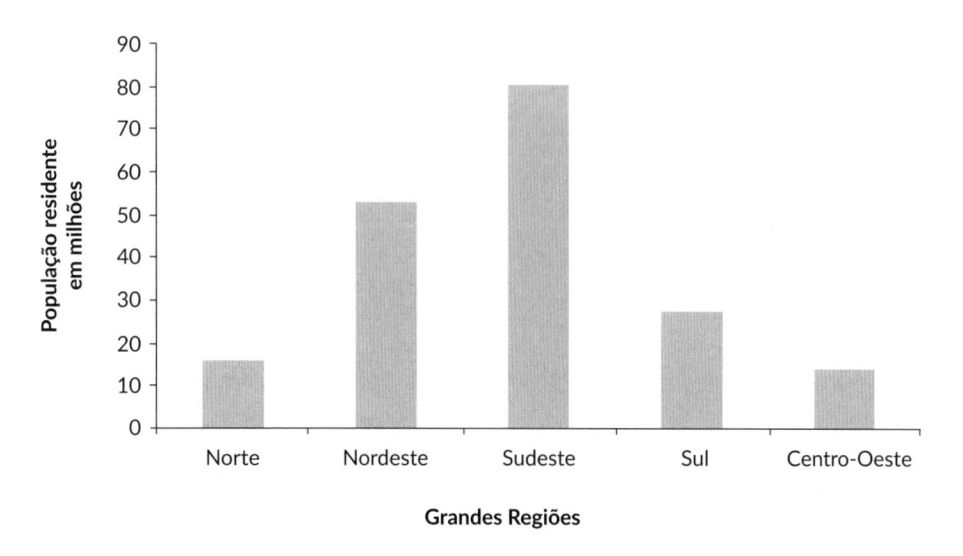

Fonte: IBGE – Censo Demográfico 2010.[4]

---

[3] Disponível em: <http://www.ibge.gov.br/home/estatistica/populacao/censo2010>. Acesso em: 7 jun. 2016.
[4] Disponível em: <http://www.ibge.gov.br/home/estatistica/populacao/censo2010>. Acesso em: 7 jun. 2016.

Para fazer o gráfico de barras mostrado no Gráfico 5.2:

- Trace o sistema de eixos cartesianos.
- No eixo das abscissas (eixo horizontal), apresente as Grandes Regiões.
- No eixo das ordenadas (eixo vertical), apresente a população residente.
- Faça marcas no eixo das abscissas, de mesma largura e igualmente espaçadas, que serão as bases das barras (retângulos) que irão representar a população de cada Grande Região.
- Desenhe barras (retângulos) com bases nas abscissas e alturas dadas pelo tamanho da população da Grande Região que elas representam.
- Coloque legendas nos eixos, título no gráfico e fonte, quando houver.

Você pode desenhar linhas auxiliares (grades) no interior do gráfico para facilitar a leitura das alturas das barras. O Gráfico 5.3 apresenta linhas auxiliares.

Gráfico 5.3 População residente segundo as Grandes Regiões Brasil – 2010

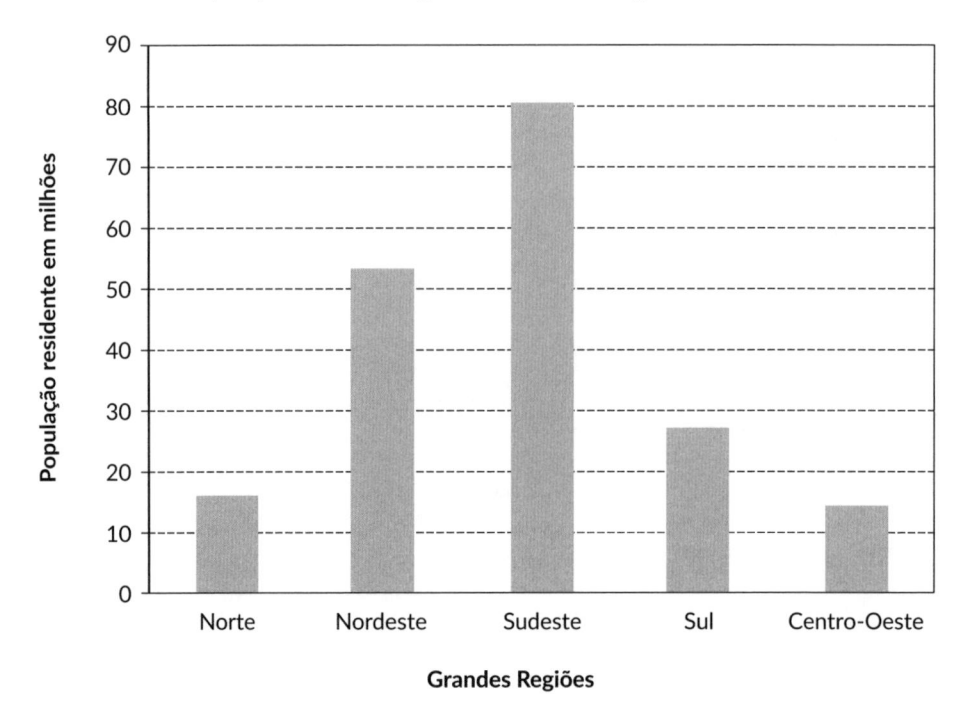

Fonte: IBGE – Censo Demográfico 2010.[5]

---

[5] Disponível em: <http://www.ibge.gov.br/home/estatistica/populacao/censo2010>. Acesso em: 7 jun. 2016.

Os gráficos de barras podem ser desenhados em três dimensões (3D). A aparência melhora, embora fique mais difícil avaliar as alturas das barras. Veja o Gráfico 5.4.

Gráfico 5.4 População residente segundo as Grandes Regiões Brasil – 2010

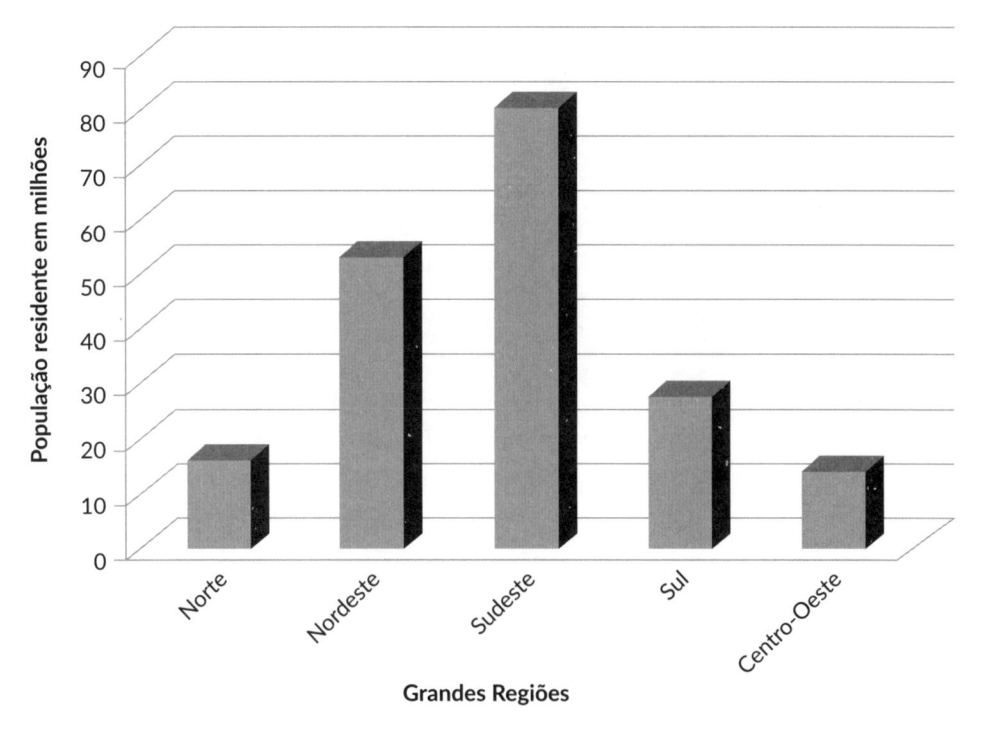

Fonte: IBGE – Censo Demográfico 2010.[6]

As frequências ou as frequências relativas das categorias podem ser escritas *no topo* das barras, como mostra o Gráfico 5.5. Fica então mais fácil avaliar a importância relativa de cada categoria.

---

[6] Disponível em: <http://www.ibge.gov.br/home/estatistica/populacao/censo2010>. Acesso em: 7 jun. 2016.

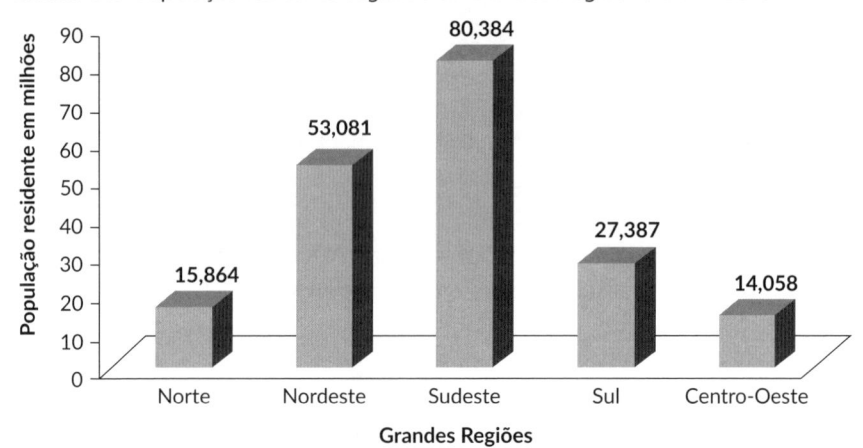

Gráfico 5.5 População residente segundo as Grandes Regiões Brasil – 2010

[Gráfico de colunas com os seguintes valores:
Norte: 15.864; Nordeste: 53.081; Sudeste: 80.384; Sul: 27.387; Centro-Oeste: 14.058.
Eixo Y: População residente em milhões (0 a 90). Eixo X: Grandes Regiões.]

Fonte: IBGE – Censo Demográfico 2010.[7]

É comum desenhar as barras na posição vertical (conhecidos como *gráficos de colunas*), mas se as categorias da variável tiverem nomes extensos, é aconselhável desenhar barras na posição horizontal. Dispensa-se, assim, o uso de abreviaturas e legendas. Veja o Gráfico 5.6.

Gráfico 5.6 População residente segundo as Grandes Regiões Brasil – 2010

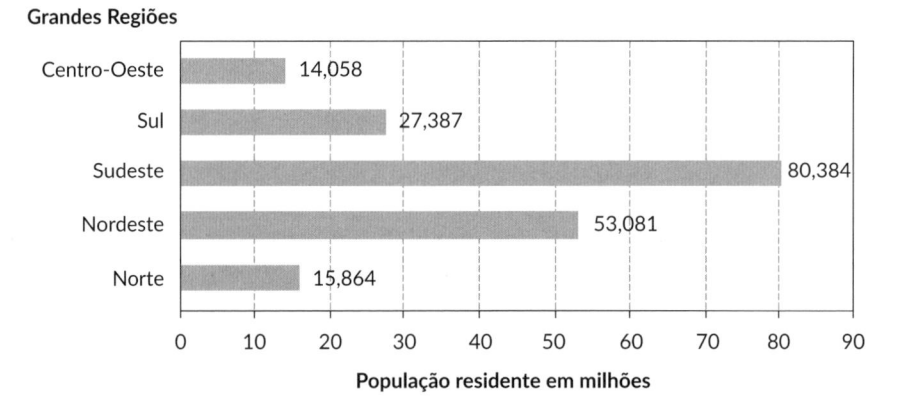

[Gráfico de barras horizontais com os seguintes valores:
Centro-Oeste: 14.058; Sul: 27.387; Sudeste: 80.384; Nordeste: 53.081; Norte: 15.864.
Eixo X: População residente em milhões (0 a 90).]

Fonte: IBGE – Censo Demográfico 2010.[8]

---

[7] Disponível em: <http://www.ibge.gov.br/home/estatistica/populacao/censo2010>. Acesso em: 7 jun. 2016.
[8] Disponível em: <http://www.ibge.gov.br/home/estatistica/populacao/censo2010>. Acesso em: 7 jun. 2016.

Para fazer um gráfico com as barras na posição horizontal:

- Trace o sistema de eixos cartesianos.
- Represente as categorias da variável em estudo na ordenada (eixo vertical).
- Represente as frequências da variável em estudo no eixo das abscissas (eixo horizontal).
- Construa barras: as bases ficam no eixo das ordenadas e os comprimentos devem ser iguais às frequências das categorias que elas representam.
- Escreva legendas, título e a fonte, se houver.

Para chamar a atenção do leitor, a aparência final do gráfico é, muitas vezes, modificada. Veja a Tabela 5.2 que mostra um *exemplo fictício*: a distribuição percentual de eleitores segundo a intenção de voto em candidatos à Presidência da República em determinada eleição.

Tabela 5.2 Distribuição de eleitores segundo a intenção de voto em candidatos à Presidência da República

Intenção de voto	Porcentagem
A	36%
B	27%
C	11%
D	8%
Não sabe	18%
Total	**100%**

Gráfico 5.7 Distribuição percentual de eleitores segundo a intenção de voto no Presidente da República

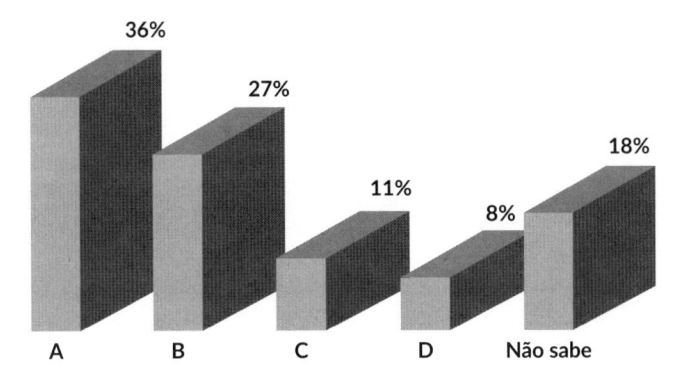

5.2.1.1 Outros usos para o gráfico de barras

Podem ser feitos gráficos de barras para apresentar médias, medianas, preços, lucros etc., desde que essas estatísticas estejam relacionadas a categorias. Veja os dados apresentados na Tabela 5.3 e no Gráfico 5.8.

Tabela 5.3 Média de moradores em domicílios particulares ocupados, segundo as Grandes Regiões Brasil – 2010

Grande Região	Média de moradores
Brasil	3,3
Norte	4,0
Nordeste	3,5
Sudeste	3,2
Sul	3,1
Centro-Oeste	3,2

Fonte: IBGE – Censo Demográfico 2010.[9]

Gráfico 5.8 Média de moradores em domicílios particulares ocupados, segundo as Grandes Regiões Brasil – 2010

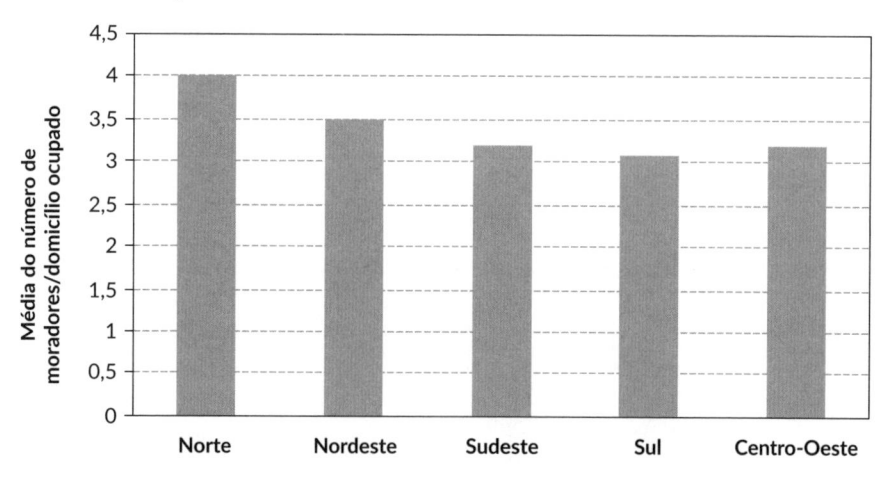

Fonte: IBGE – Censo Demográfico 2010.[10]

---

[9] Disponível em: <http://www.ibge.gov.br/home/estatistica/populacao/censo2010>. Acesso em: 7 jun. 2016.

[10] Disponível em: <http://www.ibge.gov.br/home/estatistica/populacao/censo2010>. Acesso em: 7 jun. 2016.

5.2.2 Gráfico de setores

O gráfico de setores – popularmente conhecido como gráfico de pizza – é usado para apresentar frequências ou frequências relativas de categorias que constituem as *partes de um todo* (a soma das frequências relativas deve ser obrigatoriamente 100%).

Como exemplo, veja a Tabela 5.4 que apresenta a distribuição de pessoas de 10 anos e mais de idade segundo o estado civil, no Brasil, segundo o Censo Demográfico de 2000.

Tabela 5.4 Distribuição das pessoas de 10 anos ou mais de idade segundo o estado civil
Brasil – 2000

Estado civil	Frequência	Percentual
Casado	50.703.610	37,0%
Desquitado, separado	2.661.741	1,9%
Divorciado	2.319.575	1,7%
Viúvo	6.231.273	4,6%
Solteiro	74.994.159	54,8%
Total	136.910.358	100,0%

Fonte: IBGE – Censo Demográfico 2000.

Para fazer o gráfico de setores:

- Trace uma circunferência que, como você sabe, tem 360°.
- A área do círculo representará o total, ou seja, 100%.
- Use a "regra de três": se 100% correspondem a 360°, 37,0% de casados correspondem a um setor cujo ângulo central x é dado por:

$$100\% \longrightarrow 360°$$
$$37,0\% \longrightarrow x$$

$$x = \frac{37,0 \times 360}{100} = 133°$$

- Proceda da mesma forma para calcular os outros ângulos.

Para desquitados e separados judicialmente:

$$100\% \longrightarrow 360°$$
$$1,9\% \longrightarrow x$$

$$x = \frac{1,9 \times 360}{100} = 7°$$

Para divorciados:

$$100\% \longrightarrow 360°$$
$$1,7\% \longrightarrow x$$

$$x = \frac{1,7 \times 360}{100} = 6°$$

Para viúvos:

$$100\% \longrightarrow 360°$$
$$4,6\% \longrightarrow x$$

$$x = \frac{4,6 \times 360}{100} = 17°$$

Para solteiros:

$$100\% \longrightarrow 360°$$
$$54,8\% \longrightarrow x$$

$$x = \frac{54,8 \times 360}{100} = 197°$$

- Marque os valores dos ângulos calculados na circunferência e trace os raios, separando os setores. Por exemplo, para viúvos, o ângulo central é 17°, como mostra a Figura 5.1.

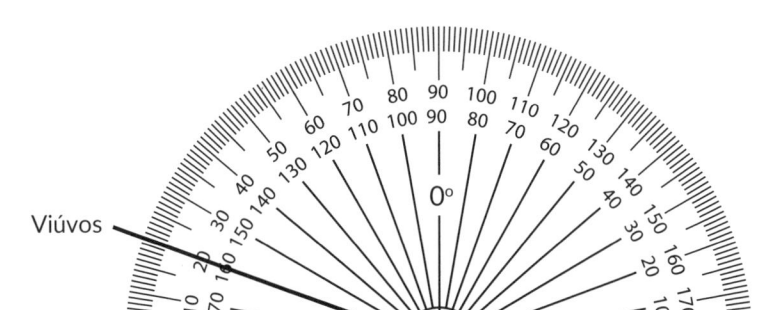

Figura 5.1 Transferidor para construir um ângulo

Viúvos

- Para facilitar a distinção dos setores, use padrões ou cores diferentes.
- Coloque legenda e título na figura.

Os dados da Tabela 5.4 estão apresentados no Gráfico 5.9.

Gráfico 5.9 Distribuição das pessoas de 10 anos ou mais de idade segundo o estado civil Brasil – 2000

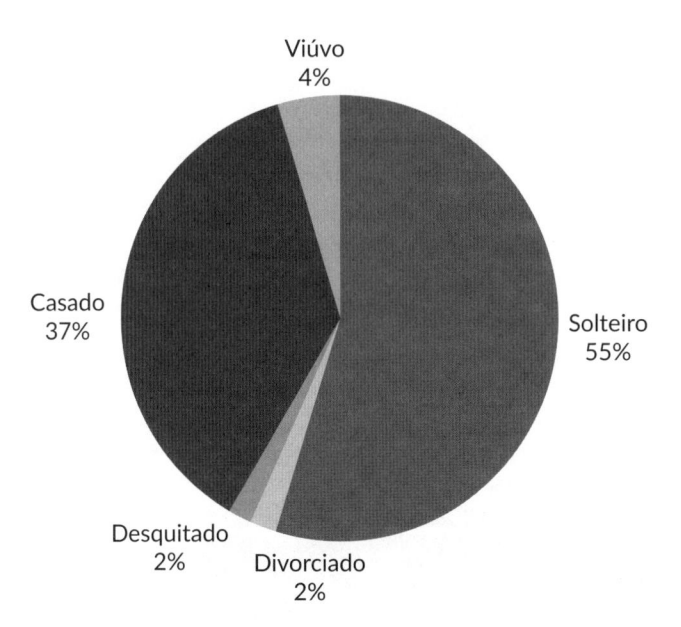

Viúvo 4%
Casado 37%
Solteiro 55%
Desquitado 2%
Divorciado 2%

Fonte: IBGE – Censo Demográfico 2000.

É mais fácil comparar as categorias se for dada a porcentagem de unidades em cada categoria. A legenda, escrita na figura, facilita a compreensão do fenômeno. Os gráficos coloridos também ajudam na visualização do fenômeno.

Você também pode destacar as categorias (explodir). Veja o Gráfico 5.10.

Gráfico 5.10 Distribuição das pessoas de 10 anos ou mais de idade segundo o estado civil Brasil – 2000

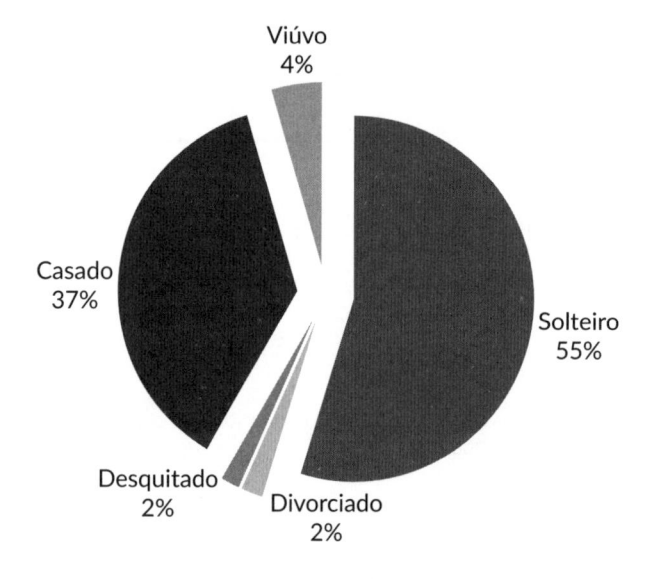

Viúvo 4%
Casado 37%
Solteiro 55%
Desquitado 2%
Divorciado 2%

Fonte: IBGE – Censo Demográfico 2000.

A aparência do gráfico de setores melhora quando se usam três dimensões (3D). No entanto, a comparação da importância relativa das categorias é prejudicada. O uso de legenda, nesse caso, facilita a leitura. Veja o Gráfico 5.11.

Gráfico 5.11 Distribuição das pessoas de 10 anos ou mais de idade segundo o estado civil Brasil – 2000

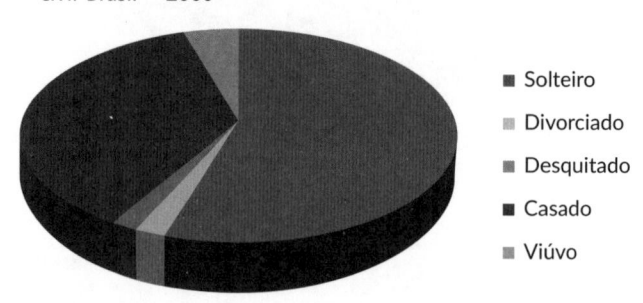

■ Solteiro
■ Divorciado
■ Desquitado
■ Casado
■ Viúvo

Fonte: IBGE – Censo Demográfico 2000.

5.2.2.1 Uma variação do gráfico de setores

O programa Excel apresenta uma variação do gráfico de setores, que denomina *gráfico de rosca*. Para desenhar esse gráfico, faça primeiro o gráfico de setores. Depois, desenhe um círculo, que deverá ficar em branco, dentro do gráfico de setores. Veja o Gráfico 5.12.

Gráfico 5.12 Distribuição das pessoas de 15 anos ou mais de idade segundo o estado civil Brasil – 2000

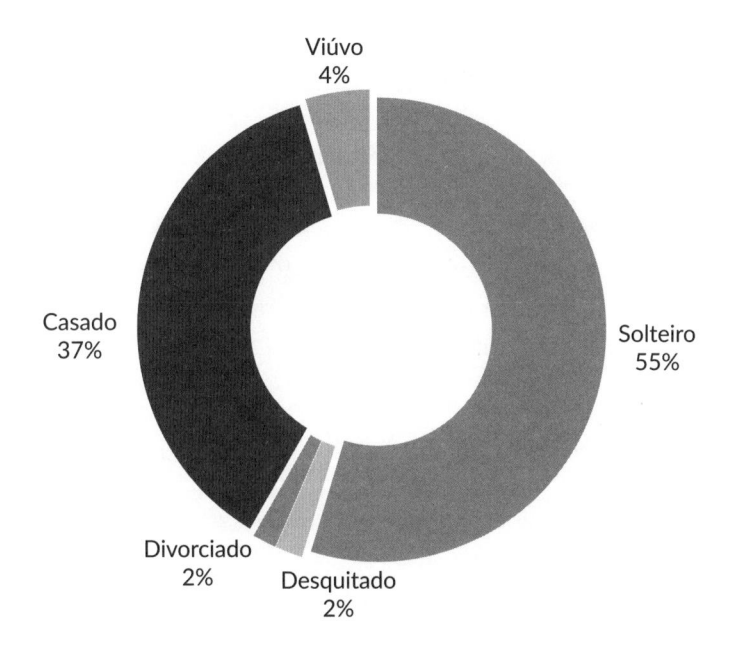

Fonte: IBGE – Censo Demográfico 2000.

5.3 APRESENTAÇÃO GRÁFICA DE DADOS QUANTITATIVOS

5.3.1 Diagrama de pontos

O diagrama de pontos é usado para comparar as frequências de dados discretos, desde que *em pequeno número*. Também pode ser usado para comparar as frequências de categorias de dados qualitativos, o que não será mostrado aqui. Vejamos então como se faz o diagrama de pontos no caso de dados discretos, por meio de um exemplo.

Imagine que um professor do ensino fundamental pergunta aos seus 22 alunos quantos irmãos têm cada um. Os dados estão na Tabela 5.5.

Tabela 5.5 Distribuição dos alunos segundo o número de irmãos

Número de irmãos	Frequência
0	4
1	8
2	6
3	3
4	1
Total	22

Para fazer o diagrama de pontos apresentado no Gráfico 5.13:

- trace o eixo das abscissas;
- faça a escala, de maneira a cobrir todo o intervalo de observações;
- desenhe um ponto para cada uma das observações;
- escreva a escala e o título.

Gráfico 5.13 Distribuição dos alunos segundo o número de irmãos

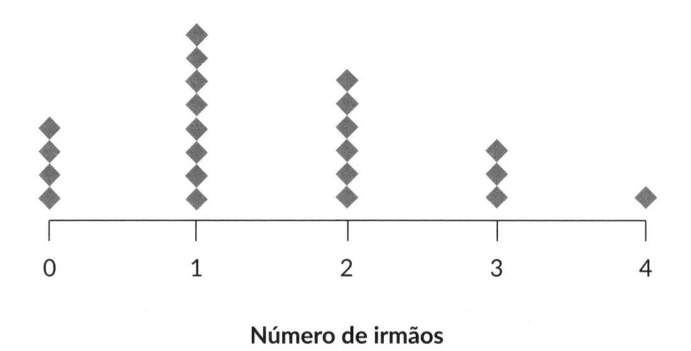

O diagrama de pontos é recomendado para os casos em que os dados são poucos (menos do que 25). Se o número de dados for grande, você poderá fazer um diagrama de pontos em que cada ponto represente um conjunto específico de observações (por exemplo, 10). Isso deve ser indicado em uma nota.

5.3.2 Histograma

Dados contínuos, desde que já estejam em uma tabela de distribuição de frequências, podem ser apresentados em um *histograma*.

É mais fácil entender como se faz um histograma com um exemplo. Observe, então, os dados apresentados na Tabela 5.6.

Tabela 5.6 População residente por grupos de idade Brasil – 2010

Grupos de idade	Ponto central	Número	Porcentagem
0 a 9 anos	5	13796159	15,08%
10 a 19 anos	15	14969375	17,91%
20 a 29 anos	25	17166761	18,01%
30 a 39 anos	35	16990870	15,53%
40 a 49 anos	45	17245190	13,02%
50 a 59 anos	55	17104413	9,65%
60 a 69 anos	65	15744512	5,95%
70 a 79 anos	75	13888581	3,31%
80 a 89 anos	85	13009367	1,30%
90 a 99 anos	95	11833351	0,22%
100 anos e mais	105	10140402	0,01%

Fonte: IBGE – Censo Demográfico 2010.[11]

Para fazer um histograma – quando os *intervalos de classe são iguais* – siga os passos:

- Trace o sistema de eixos cartesianos.
- Marque os extremos de classes no eixo das abscissas.
- No eixo das ordenadas, escreva as frequências ou as frequências relativas.
- Para cada classe da distribuição de frequências, trace um retângulo com base igual ao intervalo de classe e altura igual à frequência ou à frequência relativa da classe.
- Coloque título e fonte, se houver.

---

[11] Disponível em: <http://www.ibge.gov.br/home/estatistica/populacao/censo2010>. Acesso em: 7 jun. 2016.

Gráfico 5.14 População residente por grupos de idade Brasil – 2010

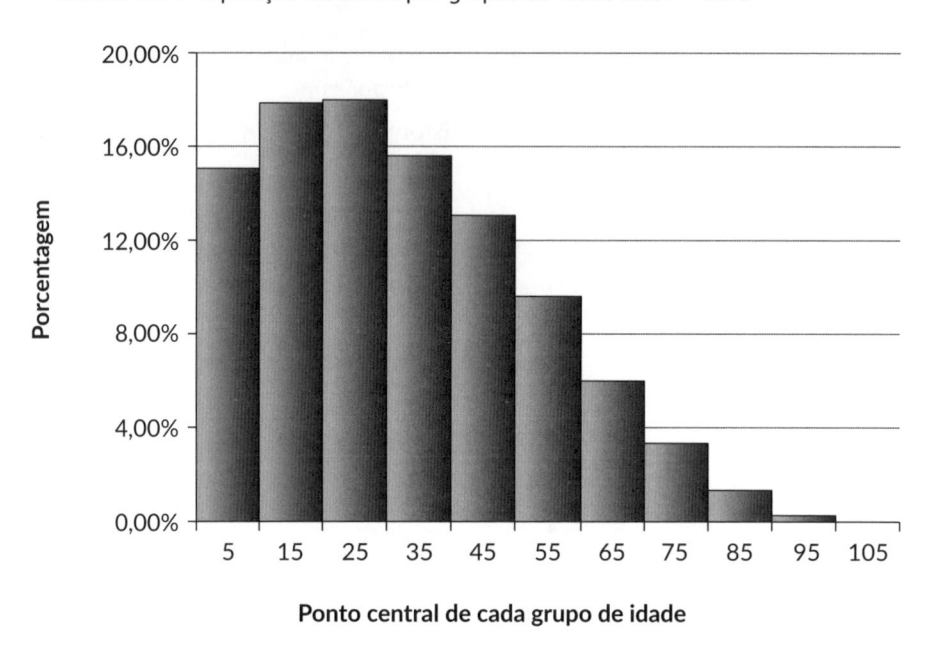

[Gráfico de barras: eixo Y "Porcentagem" de 0,00% a 20,00%; eixo X "Ponto central de cada grupo de idade" com valores 5, 15, 25, 35, 45, 55, 65, 75, 85, 95, 105]

Ponto central de cada grupo de idade

Fonte: IBGE – Censo Demográfico 2010.[12]

5.3.3 Polígono de frequências

Dados quantitativos dispostos em tabela de distribuição de frequências também podem ser apresentados em um *polígono de frequências*.

É mais fácil mostrar como se faz polígono de frequências usando um exemplo. Veja os dados da Tabela 5.7, apresentados em polígono de frequências no Gráfico 5.15.

---

[12] Disponível em: <http://www.ibge.gov.br/home/estatistica/populacao/censo2010>. Acesso em: 7 jun. 2016.

Tabela 5.7 Distribuição dos candidatos a uma vaga de escriturário em uma prefeitura segundo seus escores na prova de matemática

Classe	Ponto central	Número
30 ⊢ 35	32,5	3
35 ⊢ 40	37,5	5
40 ⊢ 45	42,5	9
45 ⊢ 50	47,5	14
50 ⊢ 55	52,5	20
55 ⊢ 60	57,5	25
60 ⊢ 65	62,5	32
65 ⊢ 70	67,5	21
70 ⊢ 75	72,5	16
75 ⊢ 80	77,5	8
80 ⊢ 85	82,5	7
85 ⊢ 90	87,5	2
Total		**162**

Para desenhar o polígono de frequências apresentado no Gráfico 5.15:

- Trace o sistema de eixos cartesianos.
- Marque os pontos centrais de cada classe no eixo das abscissas.
- No eixo das ordenadas, coloque as frequências.
- Faça um ponto para representar cada classe. Esses pontos terão abscissa igual ao ponto central de classe. A ordenada será igual à frequência da classe.
- Marque, no eixo das abscissas, um ponto que corresponda ao ponto central de uma classe anterior à primeira.
- Marque também, no eixo das abscissas, um ponto que corresponda ao ponto central de uma classe posterior à última.
- Una todos esses pontos por segmentos de reta;
- Coloque um título e está pronto o gráfico.

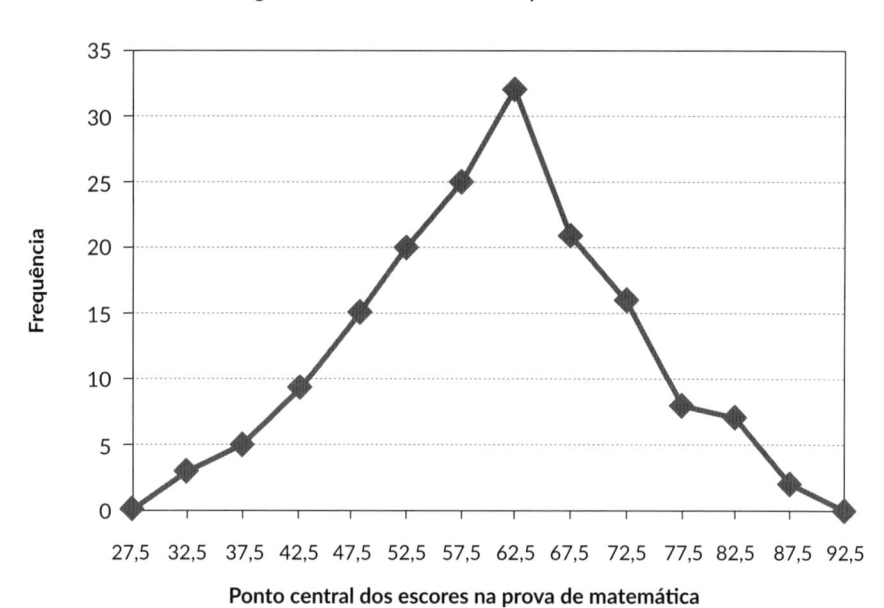

Gráfico 5.15 Polígono de frequências para escores na prova de matemática dos candidatos a uma vaga de escriturário em uma prefeitura

[Gráfico: Polígono de frequências com eixo X "Ponto central dos escores na prova de matemática" (27,5; 32,5; 37,5; 42,5; 47,5; 52,5; 57,5; 62,5; 67,5; 72,5; 77,5; 82,5; 87,5; 92,5) e eixo Y "Frequência" (0 a 35).]

5.3.4 Histograma com intervalos de classe de tamanhos diferentes

Quando os intervalos de classe são diferentes, o histograma *não pode* ser feito com frequências, nem com frequências relativas. É preciso calcular a *densidade de frequência de cada classe* ou a *densidade de frequência relativa de cada classe*.

> Densidade de frequência de classe (DF) é o quociente entre a frequência e o intervalo da classe.

$$DF = \frac{\text{Frequência de classe}}{\text{Intervalo de classe}}$$

> Densidade de frequência relativa de classe (DFR) é o quociente entre a frequência relativa e o intervalo de classe.

$$DFR = \frac{\text{Frequência relativa de classe}}{\text{Intervalo de classe}}$$

Observe os dados apresentados na Tabela 5.8. A densidade de frequência relativa da primeira classe (até um salário mínimo), por exemplo, foi obtida dividindo a frequência relativa dessa classe (25,63) pelo respectivo intervalo de classe (1), como segue:

$$DFR = \frac{25,63}{1} = 25,6$$

A densidade de frequência relativa da classe de 3 a 5 salários mínimos foi obtida dividindo a frequência relativa dessa classe (13,8) pelo intervalo de classe (2), como segue:

$$DFR = \frac{13,8}{2} = 6,9$$

Tabela 5.8 Distribuição percentual de pessoas de 10 anos e mais por faixas de renda Brasil – 2000

Faixa de renda	Frequência relativa	Densidade de frequência relativa
Até 1 SM	25,3	25,3
1 a 2 SM	27,6	27,6
2 a 3 SM	13,6	13,6
3 a 5 SM	13,8	6,9
5 a 10 SM	12	2,4
10 a 20 SM	5	0,5
Mais de 20 SM	2,7	0,09

Fonte: IBGE – Censo Demográfico 2000.

Na última classe estão incluídas pessoas com renda maior do que 20 salários mínimos, o que significa que o extremo superior dessa classe não está definido. Para fazer o cálculo fixou-se, então, o extremo superior em 50 salários mínimos. O valor fixado não tem, na realidade, muita importância em termos dos resultados obtidos porque a porcentagem de pessoas com renda maior do que 50 salários mínimos é muito pequena. A densidade de frequência relativa para a última classe pôde, então, ser calculada como segue:

$$DFR = \frac{2,7}{50-20} = \frac{2,7}{30} = 0,09$$

Os dados da Tabela 5.8 estão apresentados graficamente no Gráfico 5.16. Observe que a área de cada retângulo do histograma é proporcional à densidade de frequência relativa da classe correspondente. Por motivos de espaço, a última classe não foi representada. No entanto, a classe de 20 a 50 salários mínimos seria representada como uma linha sobre o eixo das abscissas praticamente.

Para desenhar o histograma apresentado no Gráfico 5.16, siga os passos:

- Trace um sistema de eixos cartesianos.
- Marque os extremos de classe no eixo das abscissas.
- No eixo das ordenadas marque as densidades de frequência, ou as densidades de frequência relativa de classe.
- Para cada classe da distribuição de frequências, trace um retângulo com base igual ao intervalo de classe e altura igual à densidade de frequência ou densidade de frequência relativa da classe.
- Coloque título no gráfico.

Gráfico 5.16 Pessoas de 10 anos e mais por faixas de renda Brasil – 2000

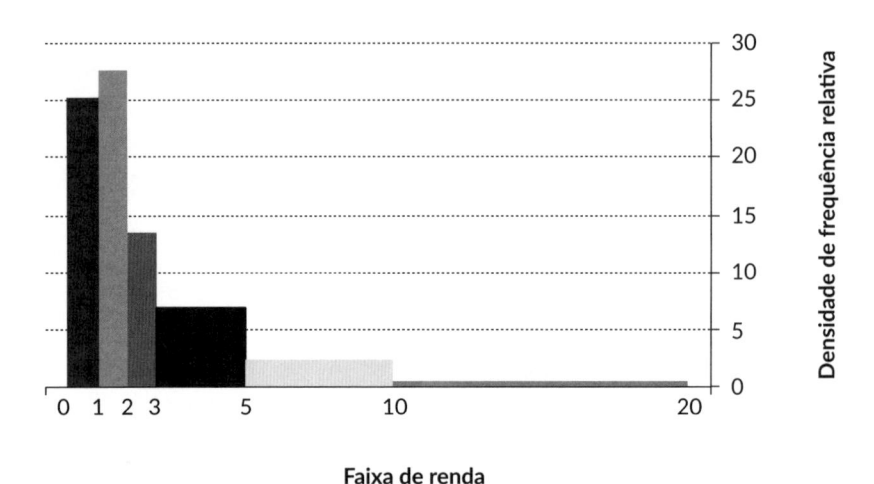

Faixa de renda

NESTE CAPÍTULO, VOCÊ APRENDEU QUE:

- *Gráfico de barras*: mostra o aspecto de uma distribuição de dados, nominais ou ordinais. A apresentação é feita por meio de retângulos de mesma largura. Cada retângulo representa uma das categorias das diferentes categorias da variável. O comprimento de cada retângulo é igual à frequência (ou à frequência relativa) da categoria.
- *Gráfico de setores*: mostra como um todo (representado pelo círculo) se divide em partes (os setores). Cada setor representa uma dada categoria

da variável qualitativa. A área de cada setor é proporcional ao número de casos na categoria.

- *Diagrama de pontos*: mostra a distribuição de dados qualitativos e dados discretos, como pontos sobre um eixo. Cada ponto pode representar uma unidade, ou um número fixo de unidades.
- *Histograma*: mostra a distribuição dos dados contínuos, apresentando-os sob a forma de barras justapostas sobre um eixo. Cada barra representa uma classe, ou um grupo de unidades.
- *Polígono de frequ*ências é um gráfico que dá a "forma" da distribuição. É um polígono que se desenha ligando os pontos centrais marcados no alto dos histogramas.

5.4 EXERCÍCIOS

1. No Censo Demográfico 2010, 76,1% das pessoas declararam não ter nenhum tipo de deficiência. Nos 23,9% casos declarados de portadores das deficiências, 18,8% declararam deficiência visual, 5,1% deficiência auditiva, 7,0% deficiência motora e 1,4% deficiência mental ou intelectual. Você fez a tabela no Exercício 3 do Capítulo 4. Agora, faça um gráfico de barras (horizontais) para apresentar esses dados.[13] Fonte: Cartilha do Censo 2010: Pessoas com deficiência.
2. Faça um gráfico de setores para apresentar a distribuição de frequências que você organizou no Exercício 1 do Capítulo 3.
3. Faça um histograma e um polígono de frequências para os dados apresentados no Exercício 4 do Capítulo 3.
4. Faça um diagrama de pontos para os dados apresentados no Exercício 7 do Capítulo 3.
5. A taxa de atividade[14] foi estimada em 55,8% em abril de 2015 para o conjunto das seis regiões pesquisadas (Recife, Salvador, Belo Horizonte, Rio de Janeiro, São Paulo, Porto Alegre). Ache o percentual de pessoas não economicamente ativas. Mostre os dois percentuais (de pessoas economicamente ativas e de pessoas não economicamente ativas) em um gráfico de setores.
6. Desenhe um gráfico de barras verticais para apresentar os dados da Tabela 5.9.

---

[13] Disponível em: <http://www.pessoacomdeficiencia.gov.br/app/sites/default/files/publicacoes/cartilha-censo-2010-pessoas-com-deficienciareduzido.pdf>. Acesso em: 16 ago. 2016.
[14] Taxa de atividade – percentagem das pessoas economicamente ativas, em relação às pessoas de 10 ou mais anos de idade. Disponível em: <http://www.ibge.gov.br/home/estatistica/populacao/condicaodevida/indicadoresminimos/conceitos.shtm> Acesso em: 16 ago. 2016.

Tabela 5.9 Distribuição percentual das pessoas segundo cor ou raça

Cor ou raça	%
Total[1]	100,0
Branca	46,2
Preta	7,9
Parda	45,1
Outra	0,8

[1] Inclusive a população sem declaração de cor ou raça.

Fonte: IBGE – Diretoria de Pesquisas, Coordenação de Trabalho e Rendimento, Pesquisa Nacional por Amostra de Domicílios 2011-2012.

7. Com os dados da Tabela 5.10, desenhe um histograma.

Tabela 5.10 Peso ao nascer, em gramas, de nascidos vivos segundo a idade gestacional

Idade gestacional	Peso ao nascer (g)
De 22 até 27 semanas	750
De 28 até 31 semanas	1.350
De 32 até 37 semanas	2.425
De 38 até 41 semanas	3.205
Mais de 41 semanas	3.385

8. Faça um gráfico de setores para a distribuição de frequências da Tabela 5.11.

Tabela 5.11 Percentual de pessoas com deficiência severa por grupo de idade Brasil – 2010

Grupo de idade	Percentual
De 0 a 14 anos de idade	2,39%
De 15 a 64 anos de idade	7,13%
De 65 anos ou mais de idade	41,81%

Fonte: Cartilha do Censo 2010: Pessoas com deficiência.[15]

---

[15] Disponível em: <http://www.pessoacomdeficiencia.gov.br/app/sites/default/files/publicacoes/cartilha-censo-2010-pessoas-com-deficienciareduzido.pdf>. Acesso em: 22 ago. 2016.

9. Em 2013 foi feita uma pesquisa sobre esporte no Brasil.[16] Foram entrevistadas 146.748.000 pessoas. Dos entrevistados, 67.357.332 disseram ser sedentários, 41.823.180 disseram ser praticantes de alguma atividade física e 37.567.488 disseram ser praticantes de esporte. Ache as porcentagens e faça um gráfico de *pizza* 3D.

10. Dos 6.193.565 candidatos que fizeram ENEM-2014, 529.374 (8,5%) obtiveram nota zero na redação, 250 obtiveram a nota máxima (1.000) e 35 obtiveram notas entre 901 e 999. Ao todo, 48.471 redações foram anuladas.[17] Construa uma tabela para apresentar esses dados. Depois, faça um gráfico de barras horizontais.

DICA: Construa as seguintes classes: Anulada, Zero, De zero (exclusive) até 900, Mais de 900. Acrescente a fonte e, abaixo da fonte, escreva uma Nota: A nota máxima (1.000) foi incluída na classe Mais de 900.

As respostas dos exercícios estão disponíveis no final do livro.

---

[16] Ministério do Esporte. Diagnóstico Nacional do Esporte. Disponível em: <www.esporte.gov.br/diesporte/2.html>. Acesso em: 22 ago. 2016.
[17] Dados do Instituto Nacional de Estudos e Pesquisas Educacionais Anísio Teixeira (INEP). Disponível em: <http://educacao.uol.com.br/noticias/2015/01/13/529-mil-candidatos-tiraram--zero-na-redacao-do-enem-2014.htm>. Acesso em: 22 ago. 2016.

6

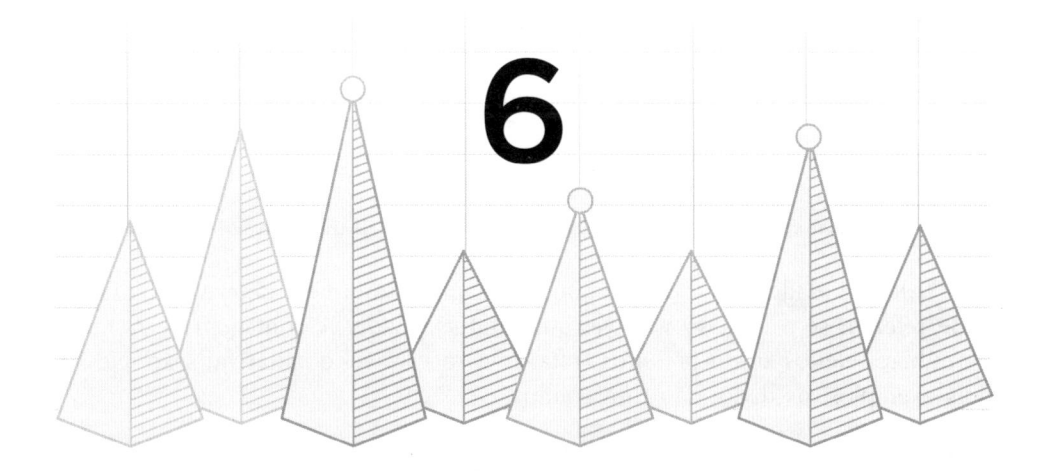

GRÁFICOS PARA DADOS BIVARIADOS

Depois de ler este capítulo, você será capaz de:

1. Distinguir dados univariados de dados bivariados.
2. Desenhar um gráfico de barras aglomeradas, tendo em mãos dados qualitativos bivariados.
3. Desenhar um gráfico retangular de composição, tendo dados qualitativos bivariados que configurem 100% de um conjunto.
4. Desenhar um gráfico de linhas para dados quantitativos bivariados e discutir os achados.
5. Desenhar um diagrama de dispersão e discutir os achados.
6. Entender o significado de uma pirâmide etária.

Neste capítulo, são apresentados os conceitos e os procedimentos que devem ser seguidos na elaboração de gráficos para dados bivariados, usando exemplos. É enfatizada a necessidade de desenhar gráficos que deem clareza às informações. O leitor torna-se, então, capaz de discutir a informação apresentada em gráficos.

6.1 DADOS UNIVARIADOS E DADOS BIVARIADOS

Você viu, nos capítulos anteriores, como os dados são *apurados*, organizados em *distribuições de frequências* e como são apresentados em *tabelas e gráficos*. Eram sempre dados univariados.[1]

> Dados *univariados* referem-se a *uma só variável*, seja ela qualitativa ou quantitativa.

Dados de idade de estudantes que recém-ingressaram em determinada faculdade referem-se a uma só variável quantitativa, idade. A contagem de homens e mulheres eleitos como prefeitos trata uma só variável qualitativa, sexo. Nesses dois exemplos, os dados são univariados.

> *Dados bivariados* referem-se a duas variáveis simultaneamente observadas nas mesmas unidades.[2]

Em geral, observamos *duas variáveis* nas mesmas unidades para saber se existe relação entre elas ou para conhecer o tipo de relação que elas apresentam. Por exemplo, para saber como idade e altura de crianças estão relacionadas, podemos obter dados sobre essas duas variáveis em alunos do curso fundamental. Para saber se existe relação entre cor ou raça e analfabetismo, é preciso obter informações dessas duas variáveis, nas mesmas pessoas. Este capítulo mostra *como desenhar gráficos para dados bivariados*.

6.2 DADOS QUALITATIVOS

6.2.1 Tabelas de contingência

> *Tabela de contingência* é uma tabela com dupla entrada, em que são apresentados dados de contagem ou de frequência relativa de duas variáveis, com a finalidade de examinar a relação entre elas.

Vamos entender como se organiza uma tabela de contingência por meio de exemplo. Imagine uma pesquisa para saber se a *opinião* de uma pessoa a respeito de uma proposta do governo está relacionada com o fato de *ser homem ou ser mulher*.

Um instituto de pesquisa levantou, então, a opinião de 490 homens e 510 mulheres. Declararam-se favoráveis à proposta 289 homens e 143 mulheres; mostraram-se contrários 123 homens e 323 mulheres; ainda, 78 homens e 44 mulheres não quiseram declarar opinião ou não souberam opinar.

---

[1] Disponível em: <http://stattrek.com/statistics/dictionary>. Acesso em: 15 jun. 2016.
[2] Disponível em: <http://stattrek.com/statistics/dictionary>. Acesso em: 15 jun. 2016.

Os resultados estão na Tabela 6.1, uma *tabela de contingência* porque apresenta uma distribuição de frequências segundo duas variáveis, sexo e opinião.[3]

Tabela 6.1 Opinião das pessoas sobre a proposta do governo, segundo o sexo

Opinião	Sexo		Total
	Homens	Mulheres	
Favorável	289	143	432
Contrária	123	323	446
Não sabe/não declarou	78	44	122
Total	**490**	**510**	**1.000**

Para fazer comparações, é necessário obter *frequências relativas ou porcentagens*. No caso da Tabela 6.1: divida o número de homens favoráveis à proposta do governo pelo total de homens na amostra. Multiplique o resultado por 100 e terá a porcentagem de homens favoráveis à proposta do governo:

$$\frac{289}{490} \times 100 = 59{,}0\%$$

Procedendo da mesma maneira com os valores nas demais células, você constrói a Tabela 6.2. Os totais (100%) ajudam a entender como foram obtidos os percentuais.

Tabela 6.2 Distribuição percentual das pessoas segundo a opinião sobre a proposta do governo e o sexo

Opinião	Sexo	
	Homens	Mulheres
Favorável	59,0%	28,0%
Contrária	25,1%	63,3%
Não sabe/não declarou	15,9%	8,6%
Total	**100,0%**	**100,0%**

---

[3] Organizar uma tabela de contingência a partir dos dados brutos consome tempo e exige muita atenção. Esse trabalho pode ser feito em computador, mas nem por isso deixa de consumir tempo e exigir atenção.

A Tabela 6.2 mostra que 59,0% dos homens são favoráveis à proposta do governo, em comparação com 28,0% das mulheres. Se você dividir o percentual de homens favoráveis à proposta do governo pelo de mulheres favoráveis, obtém a razão:

$$\frac{59,0}{28,0} = 2,1$$

Portanto, o número de homens favoráveis à proposta do governo é o dobro do número de mulheres com a mesma opinião. A Tabela 6.2 também mostra que a porcentagem de homens que não declararam opinião ou não têm opinião é maior do que a porcentagem de mulheres. Logo, existe relação[4] entre as variáveis, ou seja, a opinião sobre a proposta do governo está associada a sexo.

6.2.2 Gráficos de barras aglomeradas

Dados apresentados em tabelas de contingência podem ser mais bem entendidos quando expostos em gráficos de barras aglomeradas ou em gráficos retangulares de composição.

> O *gráfico de barras aglomeradas* apresenta barras agrupadas segundo as categorias de uma das variáveis; as barras de cada grupamento representam as diversas categorias da outra variável.

Veja o Gráfico 6.1, que apresenta as barras agrupadas (aglomeradas) em duas categorias, homens e mulheres, conforme apresentado na Tabela 6.2. Em cada um desses aglomerados estão três barras que representam as três categorias da outra variável, isto é, a opinião das pessoas a favor, contra ou que não sabem ou não declararam opinião.

---

[4] A associação entre variáveis qualitativas apresentadas em tabelas de contingência pode ser medida por coeficientes de associação e submetida a testes estatísticos. Veja: Vieira (2018).

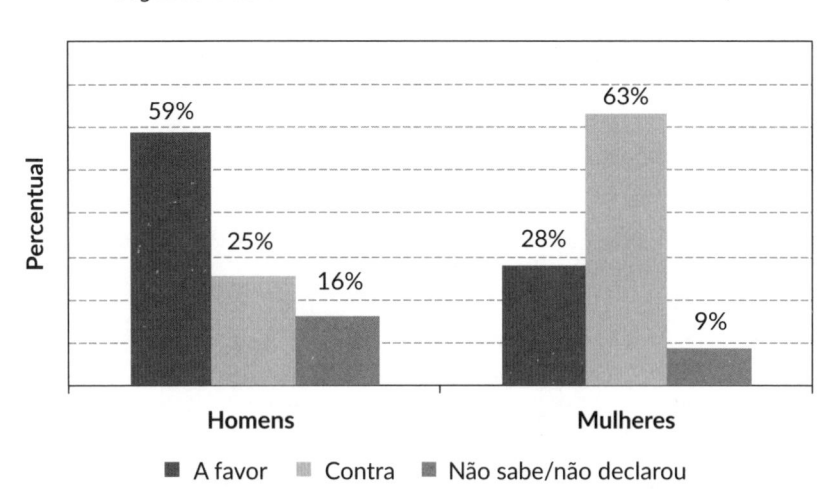

Gráfico 6.1 Distribuição percentual das opiniões das pessoas sobre a proposta do governo segundo o sexo

[Gráfico de barras — Homens: A favor 59%, Contra 25%, Não sabe/não declarou 16%. Mulheres: A favor 28%, Contra 63%, Não sabe/não declarou 9%.]

6.2.3 Gráfico retangular de composição

> No *gráfico retangular de composição* cada barra representa uma categoria de uma das variáveis. As subdivisões dentro da barra representam as categorias da segunda variável.

Com os dados que estão na Tabela 6.2, pode ser desenhado um gráfico retangular de composição. Para fazer o Gráfico 6.2:

- Trace dois retângulos de mesmo tamanho, um para representar as respostas dos homens e outro para representar as respostas das mulheres.
- O tamanho dos retângulos deve ser escolhido de maneira a facilitar o traçado do desenho. Vamos desenhar dois retângulos que medem, cada um, 5 cm de lado.
- Cinco centímetros correspondem, portanto, ao total. Então, aos 289 homens favoráveis à reforma corresponderá uma parte do retângulo cuja medida x é dada por:

$$100\% \to 5$$
$$59\% \to x$$

Onde:

$$\frac{59 \times 5}{100} = 2{,}95\%$$

- Proceda da mesma forma para encontrar o comprimento dos outros retângulos.
- Marque os valores calculados nos respectivos retângulos.
- Para facilitar a distinção das diferentes partes, use padrões ou cores diferentes.
- Coloque título e legenda na figura.

Gráfico 6.2 Distribuição percentual das opiniões das pessoas sobre a proposta do governo segundo o sexo

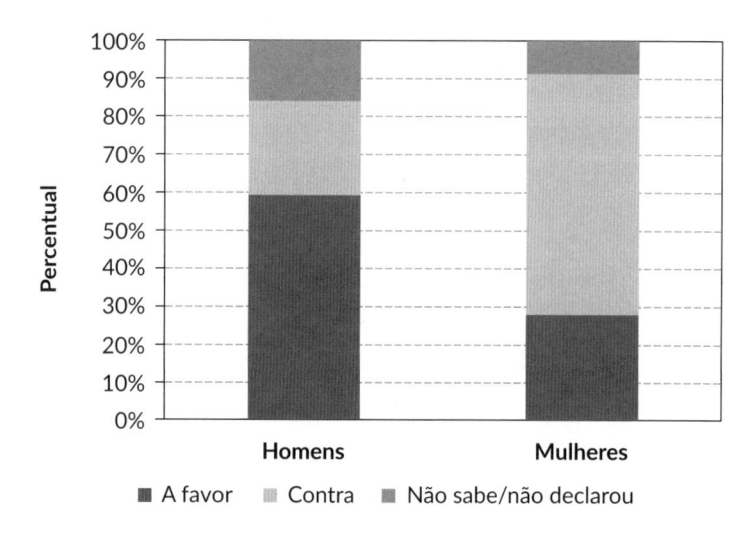

O gráfico retangular de composição também pode ser desenhado na posição horizontal. Veja o Gráfico 6.3.

Gráfico 6.3 Distribuição percentual das opiniões das pessoas sobre a proposta do governo segundo o sexo

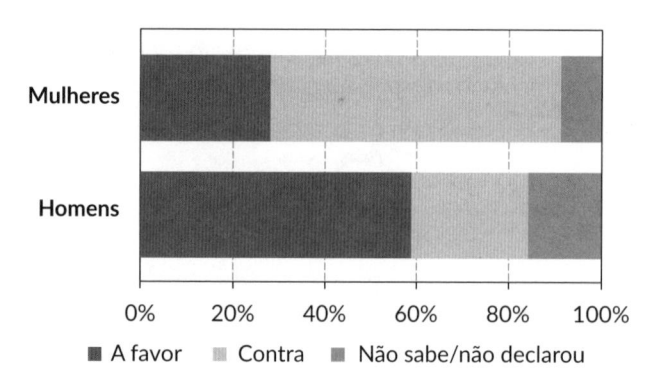

6.3 DADOS QUANTITATIVOS

6.3.1 Série temporal

> *Série temporal*: apresenta dados observados ao longo do tempo.

Há muitas situações em que as pessoas observam a variação de dados ao longo do tempo. Por exemplo, um velocista faz medições regulares de seu tempo de corrida para verificar se melhorou seu desempenho. Quem faz dieta para emagrecer pesa-se regularmente esperando que seu peso esteja diminuindo. Nos dois casos, há interesse em desenhar um gráfico de linhas.

6.3.2 Gráfico de linhas

> O *gráfico de linhas* torna visíveis as mudanças que ocorrem na variável, ao longo do tempo.

Para desenhar um gráfico de linhas:

- Trace o sistema de eixos cartesianos.
- Coloque a variável referente a tempo no eixo das abscissas.
- Apresente os valores da outra variável no eixo das ordenadas.
- Faça corresponder um ponto para cada par de valores.
- Una os pontos por segmentos de reta.
- Coloque legenda, título e fonte, se houver.

Os dados da Tabela 6.3 estão apresentados no Gráfico 6.4.

Tabela 6.3 População nos Censos Demográficos Brasil – 1872/2010

Ano do censo	População
1872 (1)	9.930.478
1880 (1)	14.333.915
1900 (1)	17.438.434
1920 (1)	30.635.605
1940 (1)	41.236.315
1950 (1)	51.944.397
1960 (2)	70.992.343
1970 (2)	94.508.583
1980 (3)	121.150.573
1991 (3)	146.917.459
2000 (3)	169.799.170
2010 (3)	190.755.799

(1) População presente.
(2) População recenseada.
(3) População residente.

Fonte: IBGE – Censos Demográficos 1872, 1890, 1900, 1920, 1940, 1950, 1960, 1970, 1980, 1991, 2000 e 2010.

Gráfico 6.4 População nos Censos Demográficos Brasil – 1872/2010

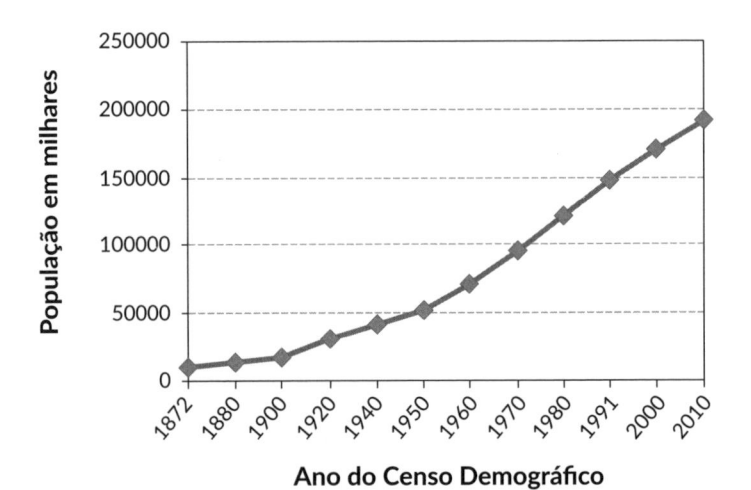

O Gráfico 6.4 mostra, claramente, que de 1950 a 2010, ou seja, em 50 anos a população do Brasil praticamente triplicou.

Veja agora a Tabela 6.4: são dadas as temperaturas médias mensais mínimas no ano de 2015, em duas capitais do Brasil, uma na Região Nordeste, de clima tropical, e a outra na Região Sul, de clima subtropical com verão quente.[5] O Gráfico 6.5, com duas linhas, uma para cada capital, permite a comparação.

Tabela 6.4 Temperaturas médias mensais mínimas, em graus centígrados, segundo o mês em Fortaleza e Porto Alegre – 2015

Mês	Fortaleza	Porto Alegre
Janeiro	23,5	20,1
Fevereiro	23,4	19,5
Março	23,0	17,4
Abril	22,8	14,1
Maio	22,2	11,5
Junho	21,8	10,3
Julho	21,9	10,6
Agosto	22,3	11,8
Setembro	23,2	13,2
Outubro	23,7	15,4
Novembro	24,0	17,4
Dezembro	23,6	16,9

Fonte: Dados climáticos para cidades mundiais.[6]

---

[5] Disponível em Clima: <www.cnpf.embrapa.br/pesquisa/efb/clima.htm>. Acesso em: 15 jul. 2016.
[6] Disponível em: <pt.climate-data.org>. Acesso em: 9 ago. 2016.

Gráfico 6.5 Temperaturas médias mensais mínimas, em graus centígrados, segundo o mês em Fortaleza e Porto Alegre – 2015

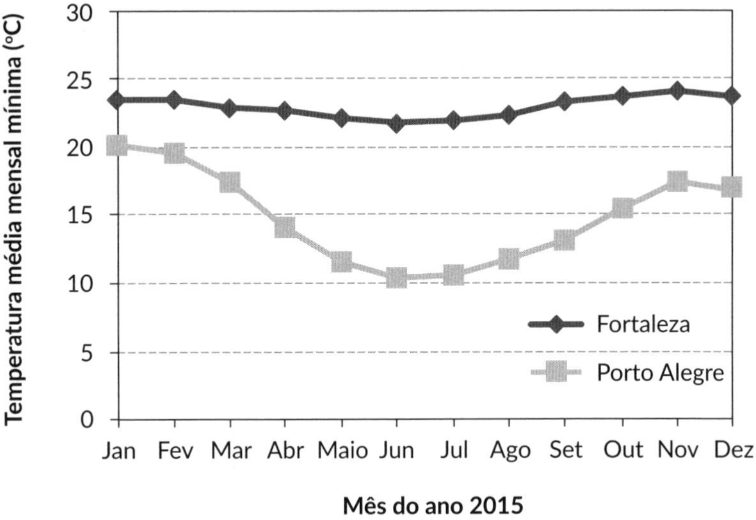

Fonte: Dados climáticos para cidades mundiais.[7]

6.3.3 Diagrama de dispersão

Duas variáveis quantitativas podem estar relacionadas, isto é, as duas crescerem juntas ou uma decrescer enquanto a outra cresce. Por exemplo, peso e idade das crianças crescem juntos, porque o peso aumenta quando a idade aumenta. Já expectativa de vida e idade têm relação diferente, porque a expectativa de vida diminui quando a idade avança.

Para estudar a relação entre duas variáveis quantitativas, veja, primeiramente, os dados apresentados na Tabela 6.5.

---

[7] Disponível em: <pt.climate-data.org>. Acesso em: 9 ago. 2016.

Tabela 6.5 Notas de 12 alunos em Português e em Matemática

Nº do aluno	Português	Matemática
1	8	5
2	6	1
3	5	7
4	3	2
5	8	6
6	4	5
7	5	3
8	7	4
9	9	9
10	7	7
11	3	3
12	6	8

Imagine que, para saber se notas em Português estão relacionadas com notas em Matemática, um professor registrou as notas de 12 alunos que cursavam as duas disciplinas. Agora, quer desenhar um diagrama de dispersão.

> Diagramas de dispersão são semelhantes aos gráficos de linha, com uma única diferença: nos diagramas de dispersão, os pontos *não* são conectados por linhas porque é a *distribuição dos pontos* no gráfico que deve expressar a *relação*[8] entre as variáveis.

Para fazer o diagrama de dispersão:

- Trace o sistema de eixos cartesianos.
- Coloque os dados de uma das variáveis (por exemplo, notas em Português) no eixo das abscissas e os dados da outra variável (notas em Matemática) no eixo das ordenadas.
- Desenhe um ponto para cada par de valores – no caso, as notas de um aluno em Português e em Matemática determinam um ponto.
- Coloque no gráfico pontos referentes a todas as notas;
- Escreva legenda, título e fonte, se houver.

---

[8] Olhando a disposição dos pontos e usando ainda mais outros critérios, o estatístico pode *ajustar* uma curva aos pontos – é a análise de regressão, que não será vista aqui.

Observe a distribuição de pontos no diagrama de dispersão, Gráfico 6.6: parece que alunos que tiram nota baixa em uma das disciplinas em geral têm nota baixa na outra e alunos que tiram nota alta em uma das disciplinas também têm nota alta na outra.

Gráfico 6.6 Notas de 12 alunos em Português e em Matemática

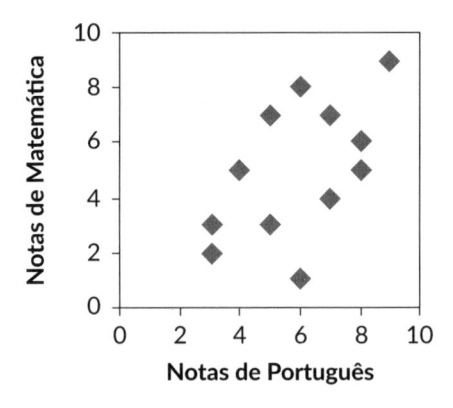

6.3.3.1 Correlação linear entre duas variáveis quantitativas

Você vê, facilmente, se as variáveis estão relacionadas observando a direção e a dispersão dos pontos no diagrama de dispersão. Mas de que tipo pode ser a relação entre duas variáveis? Observe:

1. A *direção dos pontos*
   - Se X e Y crescem no mesmo sentido, existe *correlação positiva* entre as variáveis.
   - Se X e Y variam em sentidos contrários, existe *correlação negativa* entre as variáveis.
   - Se X cresce e Y varia ao acaso, não existe correlação entre as variáveis ou – o que é o mesmo – a correlação entre elas é *nula*.

Gráfico 6.7 Correlação positiva e correlação negativa

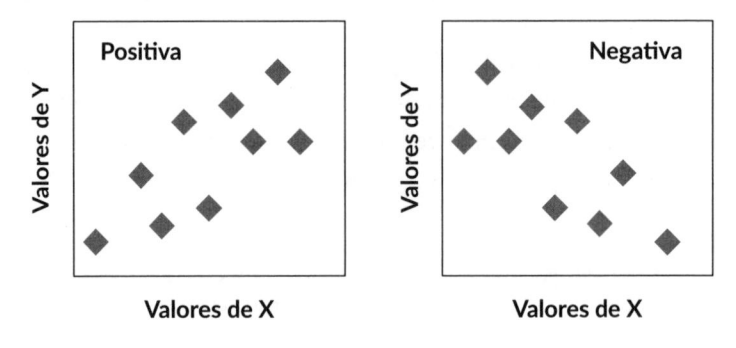

2. A *dispersão dos pontos*
- A relação linear entre duas variáveis é tanto *maior* quanto *mais próximos* os pontos estiverem de uma reta.
- A relação linear entre duas variáveis é tanto *menor* quanto *mais dispersos* estiverem os pontos.

Gráfico 6.8 Correlação forte e correlação fraca

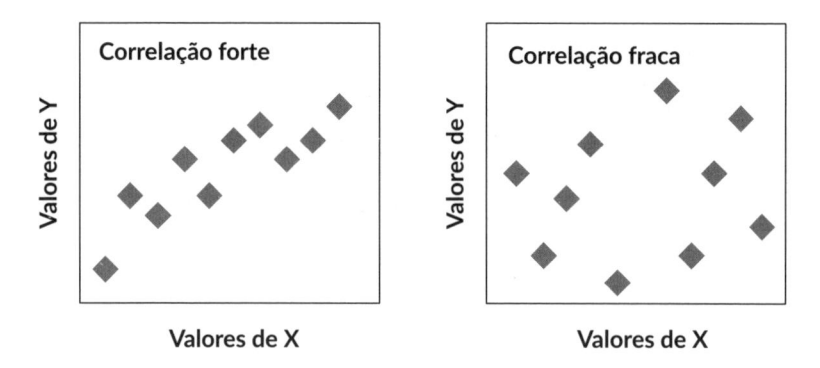

Nos diagramas de dispersão que você viu até aqui, os pontos estavam sobre retas ou em torno de retas. Essa configuração é típica da *correlação linear*, mas nem sempre a correlação é linear. O Gráfico 6.9 mostra a *correlação não linear* entre as variáveis.

Gráfico 6.9 Um exemplo de correlação não linear

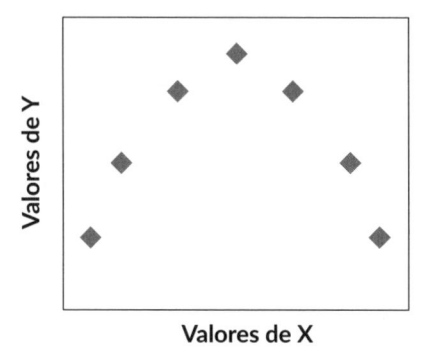

6.3.4 Pirâmide etária

> *Pirâmide etária* é uma apresentação gráfica da distribuição da população por sexo e por grupo de idade (ou faixa etária).

A pirâmide etária consiste de dois histogramas ou dois gráficos de barras, de costas um para o outro. O histograma que fica à esquerda apresenta os homens. O outro, à direita, as mulheres. O tamanho da população, em números ou em percentuais, é apresentado no eixo das abscissas e as faixas de idade (de 5 em 5 ou de 10 em 10 anos) são apresentadas no eixo das ordenadas.

Quando a população está crescendo, a pirâmide etária tem, realmente, a forma de uma pirâmide. É o que acontece em países subdesenvolvidos, onde a expectativa de vida é baixa e a taxa de fecundidade é alta. Veja o Gráfico 6.10, que mostra a pirâmide etária para a Nigéria, um país subdesenvolvido.

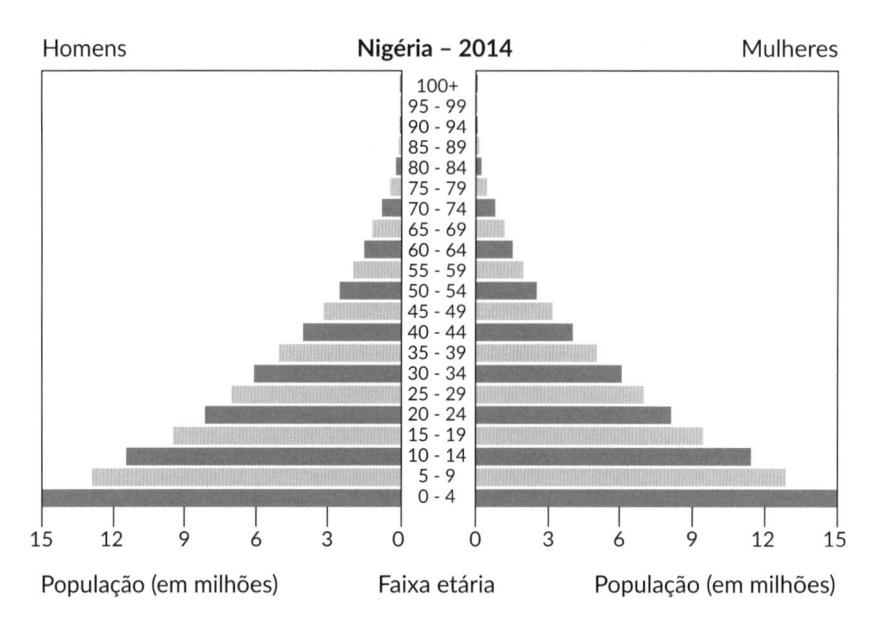

Gráfico 6.10 Pirâmide etária para a Nigéria – 2014

Fonte: Nigeria age structure.[9]

---

[9] Disponível em: <www.indexmundi.com>. Acesso em: 5 set. 2016.

À medida que os países se desenvolvem, a população envelhece e a taxa de fecundidade cai. A forma de pirâmide então se desfaz. Veja o Gráfico 6.11, que mostra a pirâmide etária para a Alemanha, um país desenvolvido.

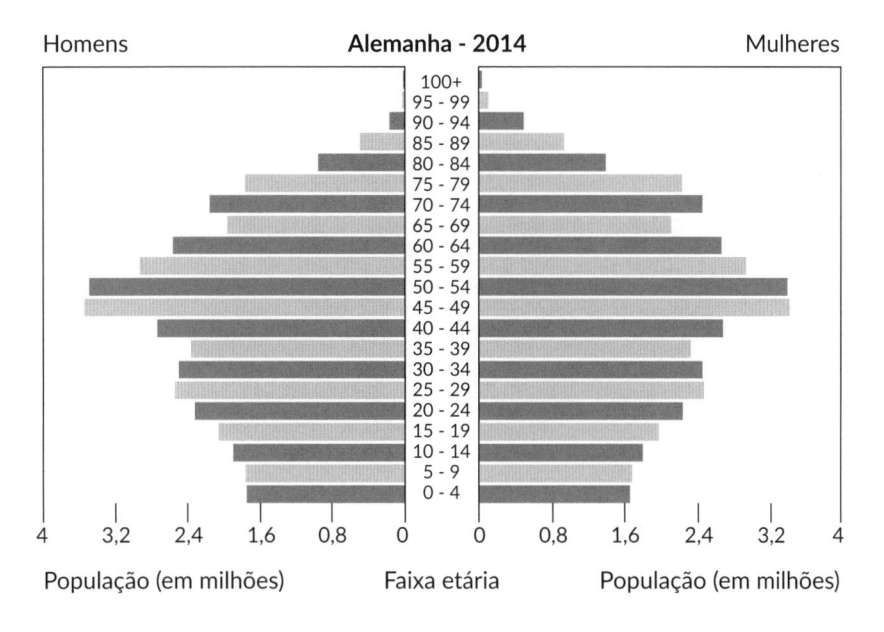

Gráfico 6.11 Pirâmide etária para a Alemanha – 2014

Fonte: Population pyramid of Germany.[10]

E como está a pirâmide etária no Brasil? Veja o Gráfico 6.12 com dados do Censo de 2010. No entanto, procure informações na internet e discuta o assunto com colegas e professores.

---

[10] Disponível em: <www.indexmundi.com>. Acesso em: 5 set. 2016.

Gráfico 6.12 Distribuição da população residente por sexo, segundo os grupos de idade
Brasil – 2010

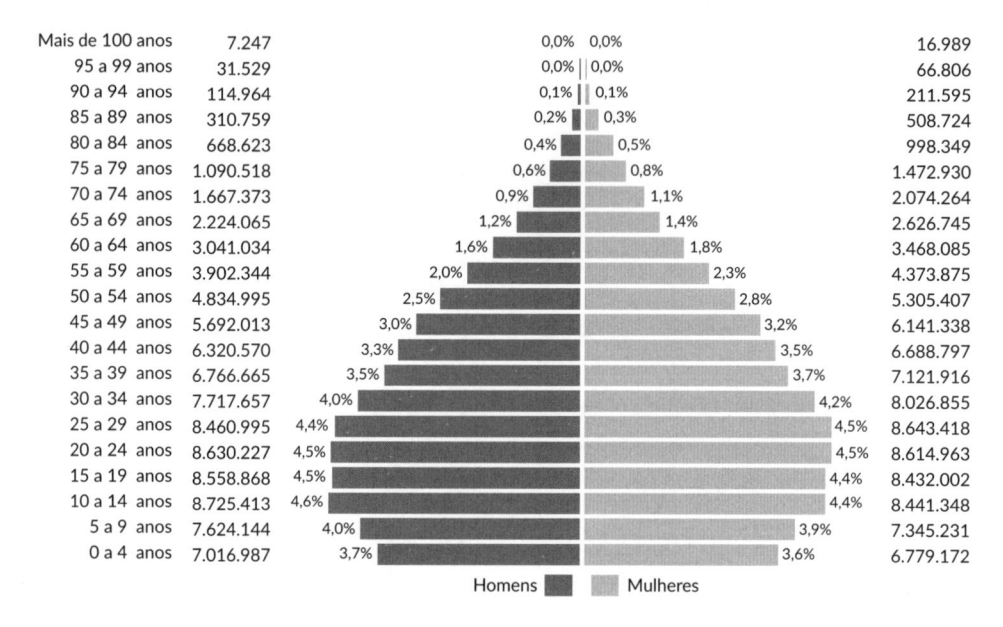

Grupo de idade	Homens (n)	Homens (%)	Mulheres (%)	Mulheres (n)
Mais de 100 anos	7.247	0,0%	0,0%	16.989
95 a 99 anos	31.529	0,0%	0,0%	66.806
90 a 94 anos	114.964	0,1%	0,1%	211.595
85 a 89 anos	310.759	0,2%	0,3%	508.724
80 a 84 anos	668.623	0,4%	0,5%	998.349
75 a 79 anos	1.090.518	0,6%	0,8%	1.472.930
70 a 74 anos	1.667.373	0,9%	1,1%	2.074.264
65 a 69 anos	2.224.065	1,2%	1,4%	2.626.745
60 a 64 anos	3.041.034	1,6%	1,8%	3.468.085
55 a 59 anos	3.902.344	2,0%	2,3%	4.373.875
50 a 54 anos	4.834.995	2,5%	2,8%	5.305.407
45 a 49 anos	5.692.013	3,0%	3,2%	6.141.338
40 a 44 anos	6.320.570	3,3%	3,5%	6.688.797
35 a 39 anos	6.766.665	3,5%	3,7%	7.121.916
30 a 34 anos	7.717.657	4,0%	4,2%	8.026.855
25 a 29 anos	8.460.995	4,4%	4,5%	8.643.418
20 a 24 anos	8.630.227	4,5%	4,5%	8.614.963
15 a 19 anos	8.558.868	4,5%	4,4%	8.432.002
10 a 14 anos	8.725.413	4,6%	4,4%	8.441.348
5 a 9 anos	7.624.144	4,0%	3,9%	7.345.231
0 a 4 anos	7.016.987	3,7%	3,6%	6.779.172

Fonte: IBGE – Censo Demográfico 2010.[11]

NESTE CAPÍTULO, VOCÊ APRENDEU QUE:

- Dados *univariados* referem-se a *uma só variável*, seja ela qualitativa ou quantitativa.
- Dados *bivariados* referem-se a duas variáveis observadas nas mesmas unidades, simultaneamente.
- *Tabela de contingência* é uma tabela com dupla entrada, em que são apresentados dados de contagem ou de frequência relativa, com a finalidade de examinar a relação entre duas variáveis.
- O *gráfico de barras aglomeradas* apresenta barras agrupadas segundo as categorias de uma das variáveis; as barras de cada grupamento representam as categorias da outra variável.
- No *gráfico retangular de composição*, cada barra representa uma categoria de uma das variáveis. As subdivisões dentro da barra representam as categorias da segunda variável.

---

[11] Disponível em: <http://www.censo2010.ibge.gov.br/sinopse/index.php?>. Acesso em: 5 set. 2016.

- O *gráfico de linhas* torna visíveis as mudanças que ocorrem na variável, ao longo do tempo.
- Diagramas de dispersão são semelhantes aos gráficos de linha, com uma única diferença: nos diagramas de dispersão, os pontos *não* são conectados por linhas porque é a *distribuição dos pontos* no gráfico que deve expressar a *relação* entre as variáveis.
- Duas variáveis têm *correlação positiva* quando, em média, ambas crescem no mesmo sentido. Têm *correlação negativa* quando uma cresce e a outra, em média, diminui.
- *Correlação não linear* entre as variáveis significa que existe correlação entre elas, mas os pontos estão em torno de uma curva.

6.4 EXERCÍCIOS

1. Faça dois gráficos retangulares de composição: um para o ano 2000, outro para o ano 2010. Use as porcentagens dadas na Tabela 6.6.

Tabela 6.6 População residente, segundo a situação do domicílio – Censos Demográficos 2000/2010

Situação do domicílio	Frequência		Porcentagem	
	2000	2010	2000	2010
Urbana	137.953.959	160.879.708	81,25	84,35
Rural	31.845.211	29.852.986	18,75	15,65
Total	**169.799.170**	**190.732.694**	**100,00**	**100,00**

Fonte: IBGE – Censo Demográfico 2010.[12]

---

[12] Disponível em: <http://www.ibge.gov.br/home/estatistica/populacao/censo2010>. Acesso em: 7 jun. 2016.

2. Faça um gráfico de barras aglomeradas para apresentar os dados da Tabela 6.7.

Tabela 6.7 Distribuição percentual da população do Brasil, segundo cor ou raça e o ano do Censo Demográfico

Cor ou raça	Ano do Censo		
	1991	2000	2010
Branca	51,6	53,74	47,732
Preta	5,0	6,21	7,611
Parda	42,4	38,45	43,132
Amarela	0,4	0,45	1,093
Indígena	0,2	0,43	0,429
Sem declaração	0,4	0,72	0,003
Total	100,0	100,00	100,000

Fonte: IBGE – Censo Demográfico 2010.[13]

3. Faça o diagrama de dispersão para os dados da Tabela 6.8. Interprete.

Tabela 6.8 Valores de X e de Y

X	Y
1	9
2	8
3	7
4	4
5	2

4. Os pesos médios de meninos com idades entre 7 e 12 anos, inclusive, são apresentados na Tabela 6.9. Faça um gráfico de linhas.

---

[13] Disponível em: <http://www.ibge.gov.br/home/estatistica/populacao/censo2010>. Acesso em: 7 jun. 2016.

Tabela 6.9 Média dos pesos de 10 meninos em cada idade

Idade (anos)	Peso médio (kg)
7	22,2
8	24,4
9	26,1
10	29,5
11	32,4
12	34,2

5. Faça um gráfico de linhas para os dados da Tabela 6.10 e interprete.

Tabela 6.10 População do Brasil. Censos Demográficos – 1872/2010

Ano do censo	População
1872 (1)	9.930.478
1890 (1)	14.333.915
1900 (1)	17.438.434
1920 (1)	30.635.605
1940 (1)	41.236.315
1950 (1)	51.944.397
1960 (2)	70.992.343
1970 (2)	94.508.583
1980 (3)	121.150.573
1991 (3)	146.917.459
2000 (3)	169.799.170
2010 (3)	190.755.799

(1) População presente.
(2) População recenseada.
(3) População residente.

Fonte: IBGE – Censo Demográfico 2010 (IBGE, 1987; 1996; 1997).

6. Faça um diagrama de dispersão para os dados da Tabela 6.11 e interprete os resultados.

Tabela 6.11 Valores de X e de Y

X	Y
1	1
2	3
3	1
4	3
5	1

7. Faça dois gráficos retangulares de composição, um para homens, outro para mulheres, com os dados da Tabela 6.12.

Tabela 6.12 Motivo para não praticar atividade física, segundo o sexo

Motivo para não praticar atividade física	Homens	Mulheres
Não gosto de esporte e a competição em si	6,9	6,1
Preguiça, desinteresse, desmotivação	1,6	13,2
Pela minha idade	12,0	3,8
Por questões de saúde	5,5	7,7
Por questões econômicas; esporte custa caro	9,9	3,1
Tenho dificuldade de acesso a uma instalação esportiva	5,0	7,6
Faltou tempo, outras prioridades (estudo, trabalho, família)	59,1	58,5
Total	**100**	**100**

Fonte: Ministério do Esporte – Diagnóstico Nacional do Esporte – 2012.

8. É dada a taxa de fecundidade total (número de filhos por mulher) no Brasil, nos Censos Demográficos de 1940 a 2010: 6,16; 6,21; 6,28; 5,76; 4,35; 2,89; 2,38; 1,90. Faça um gráfico de linhas para apresentação dos dados, lembrando que os censos foram feitos em anos terminados em zero, com exceção de 1991.[14]

---

[14] Vamos conhecer o Brasil. Disponível em: <http://7a12.ibge.gov.br/vamos-conhecer-o--brasil/nosso-povo/nupcialidade-e-fecundidade.html>. Acesso em: 7 jun. 2016.

9. Com os dados da Tabela 6.13, faça um gráfico de barras aglomeradas para mostrar a distribuição de homens e mulheres nas Grandes Regiões do Brasil.

Tabela 6.13 População residente, por sexo, segundo as Grandes Regiões Brasil – 2010

Grandes Regiões	Homens	Mulheres
Brasil	93406990	97348809
Norte	8004915	7859539
Nordeste	25909046	27172904
Sudeste	39076647	41287763
Sul	13436411	13950480
Centro-Oeste	6979971	7078123

Fonte: IBGE – Censo Demográfico 2010.[15]

10. Faça um gráfico de linhas para os dados da Tabela 6.14 e interprete.

Tabela 6.14 Taxas de analfabetismo de pessoas com 15 anos de idade e mais – Censo Demográfico – 1940/2010

Ano do Censo	Taxa de analfabetismo (%)
1940	56,0
1950	50,5
1960	39,6
1970	33,6
1980	25,5
1991	20,1
2000	13,6
2010	9,60

Fonte: IBGE – Censo Demográfico 2010.

As respostas dos exercícios estão disponíveis no final do livro.

---

[15] Disponível em: <http://www.ibge.gov.br/home/estatistica/populacao/censo2010>. Acesso em: 7 jun. 2016.

7

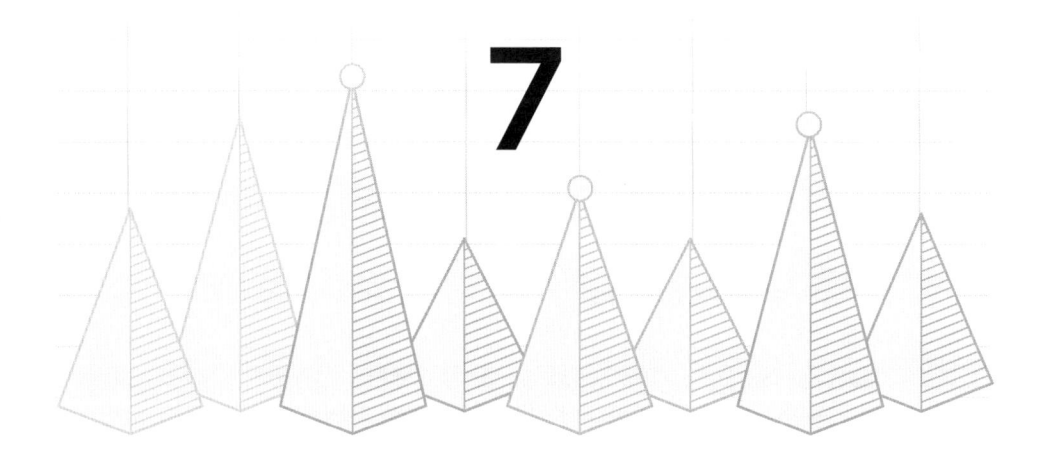

TAXAS, RAZÕES E NÚMEROS-ÍNDICES

> Depois de ler este capítulo, você será capaz de:
>
> 1. Distinguir entre taxa, razão e número-índice.
> 2. Reconhecer que taxas, razões e números-índices são indicadores importantes das necessidades da população.
> 3. Demonstrar conhecimento e interesse sobre os indicadores sociais, demográficos e econômicos usados na mídia.
> 4. Distinguir variação percentual de pontos percentuais.
> 5. Saber calcular variação percentual e pontos percentuais.

Neste capítulo, são apresentados e discutidos os conceitos de taxa, razão e números-índices. São definidas as taxas de analfabetismo, de desemprego e de mortalidade infantil. Também são conceituados razão de sexo e índice de preço. É mostrado como calcular variação percentual e o que são pontos percentuais.

7.1 TAXA

> *Taxa* é a proporção de determinado evento em uma população, em determinado período de tempo.

É fácil entender taxa como *extensão do conceito de frequência relativa*. Note bem: para obter uma taxa, você divide uma parte (*a*) pelo todo (*a* + *b*). Se o resultado for multiplicado por 100, a taxa ficará expressa em porcentagem.

$$\text{Taxa} = \frac{a}{a+b} \times 100$$

7.1.1 Taxa de analfabetismo

Taxa de alfabetização é a porcentagem de pessoas de 15 anos ou mais,[1] na população total do mesmo grupo de idade, em determinado espaço geográfico e no ano considerado, que sabem ler e escrever pelo menos um bilhete simples no idioma que conhecem.

Então *taxa de alfabetização* é

$$\frac{\text{N}^{\underline{o}} \text{ de pessoas de 15 anos ou mais que sabem ler e escrever}}{\text{População de 15 anos ou mais}} \times 100$$

Taxa de analfabetismo é a porcentagem de pessoas de 15 anos ou mais de idade que *não sabem* ler e escrever.

Então *taxa de analfabetismo* é

$$\frac{\text{N}^{\underline{o}} \text{ de pessoas de 15 anos ou mais que não sabem ler e escrever}}{\text{População de 15 anos ou mais}} \times 100$$

A estimativa da taxa de analfabetismo no Brasil em 2014 era de 8,3%, isto é, 13,2 milhões de pessoas.[2] Só para comparação: na mesma ocasião, a população estimada da cidade de São Paulo era de 11,9 milhões de pessoas.[3] Portanto, de acordo com essas estimativas, em 2014, a população de analfabetos com 15 anos e mais de idade no Brasil era maior do que a população da cidade de São Paulo.

Como mostra o Gráfico 7.1, em 2014, a taxa de analfabetismo estimada era maior entre homens do que entre mulheres. Em 2015, a estimativa da taxa de analfabetismo no Brasil era de 8,0%: 8,3% entre homens, 7,7% entre mulheres.[4]

---

[1] Também se define taxa de alfabetização (e de analfabetismo) para pessoas com 10 anos e mais.
[2] Pesquisa Nacional por Amostra de Domicílios (PNAD) realizada pelo Instituto Brasileiro de Geografia e Estatística (IBGE) 2014.
[3] Pesquisa Nacional por Amostra de Domicílios (PNAD) realizada pelo Instituto Brasileiro de Geografia e Estatística (IBGE) 2014.
[4] Pesquisa Nacional por Amostra de Domicílios (PNAD) realizada pelo Instituto Brasileiro de Geografia e Estatística (IBGE) 2015.

Gráfico 7.1 Taxa de analfabetismo das pessoas de 15 anos ou mais de idade, por sexo
Brasil – 2014

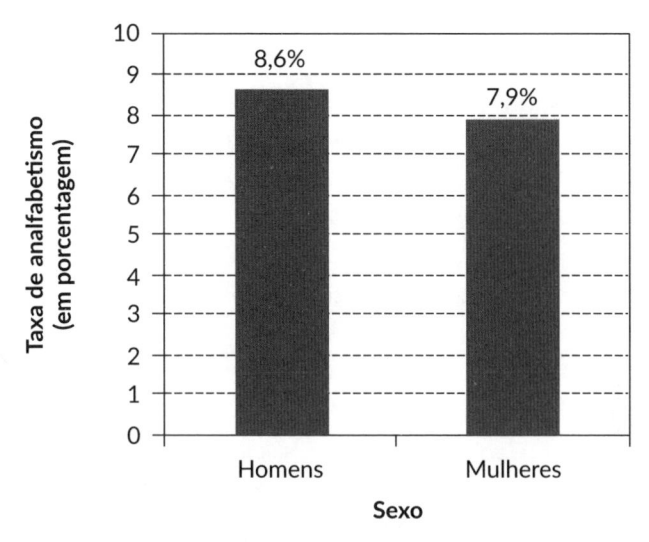

Fonte: PNAD 2014 – IBGE.

7.1.2 Taxa de desemprego

Taxa de desemprego é a porcentagem de pessoas desempregadas (procurando trabalho) e o número de pessoas economicamente ativas num determinado período de referência.[5]

População economicamente ativa (PEA)[6] é constituída pela população em idade ativa que está ocupada e a população desempregada.

População ocupada (PO) são aquelas pessoas que, num determinado período de referência, trabalharam ou tinham trabalho ou não trabalharam porque, por exemplo, estavam em férias.

---

[5] A definição é dada ao nível de conhecimento deste livro.
[6] De acordo com o IBGE, População Economicamente Ativa (PEA) é composta pelas pessoas de 10 a 65 anos de idade que foram classificadas como ocupadas ou desocupadas na semana de referência da pesquisa. Disponível em: <http://www.ibge.gov.br/home/estatistica/populacao/condicaodevida/indicadoresminimos/conceitos.shtm>. Acesso em: 10 set. 2016.

$$\text{Taxa de desemprego aberto} = \frac{\text{Pessoas desempregadas}}{PEA} \times 100$$

População economicamente ativa é, portanto, o potencial de mão de obra com que o setor produtivo pode contar. Alta taxa de desemprego significa *que há muita gente que quer trabalhar, mas não está encontrando emprego.*

Veja o Gráfico 7.2, que compara as taxas de desemprego no Brasil, sempre nos meses de abril, nos anos de 2012 a 2016.

Gráfico 7.2 Taxa de desemprego no Brasil – meses de abril 2012/2016

Ano (mês de abril)	Taxa de desemprego
2012	7,8%
2013	7,8%
2014	7,1%
2015	8,0%
2016	11,2%

Fonte: Pesquisa Mensal e Emprego (PME) – IBGE (2016).

7.1.3 Taxa de mortalidade infantil

As taxas que vimos são dadas em porcentagem. No entanto, algumas taxas são dadas por 1.000, outras por 10.000 indivíduos (o resultado da divisão é multiplicado por 1.000, ou por 10.000, respectivamente). A taxa de mortalidade infantil é sempre multiplicada por 1.000.

> *Taxa de mortalidade infantil* é o quociente entre o número de óbitos de menores de um ano de idade (excluídos os nascidos mortos) pelo número de nascidos vivos, em determinado lugar e em determinado período de tempo (em geral, um ano). O resultado é multiplicado por 1.000. Então,
>
> $$\text{Taxa de mortalidade infantil} = \frac{n^{\underline{o}} \text{ de óbitos de menores de 1 ano}}{n^{\underline{o}} \text{ de nascidos vivos}} \times 1000$$

A taxa de mortalidade infantil é um indicador importante da qualidade de vida. Mostra, embora indiretamente, a eficácia dos serviços públicos como saneamento básico, sistema de saúde, disponibilidade de remédios e vacinas, educação, entre outros.

No Brasil, a taxa de mortalidade infantil obteve importantes reduções. Veja a Tabela 7.1 e o Gráfico 7.3: em 1990, para cada mil nascidos vivos havia 51,6 óbitos de menores de 1 ano e, em 2012, 12,9.

Tabela 7.1 Taxa de mortalidade infantil no Brasil – 1990/2012

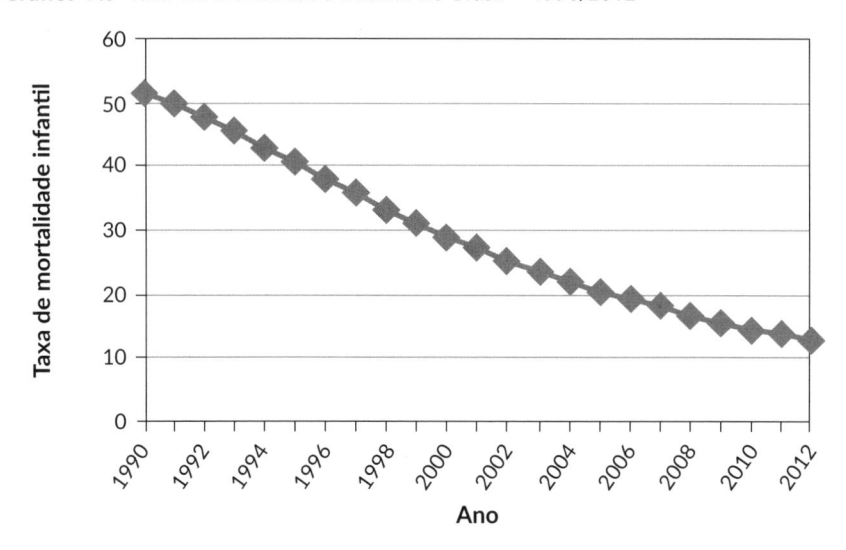

Ano	Taxa ‰	Ano	Taxa ‰	Ano	Taxa ‰
1990	51,6	1998	33,3	2006	19,1
1991	49,7	1999	31,1	2007	17,9
1992	47,5	2000	29,1	2008	16,7
1993	45,3	2001	27,1	2009	15,6
1994	42,9	2002	25,3	2010	14,5
1995	40,5	2003	23,3	2011	13,6
1996	38,1	2004	22,0	2012	12,9
1997	35,7	2005	20,5		

Fonte: Tendências e níveis em mortalidade infantil: Relatório 2013 (UNICEF, OMS, Banco Mundial e ONU).

Gráfico 7.3 Taxa de mortalidade infantil no Brasil – 1990/2012

Fonte: Tendências e níveis em mortalidade infantil. Relatório 2013 (UNICEF, OMS, Banco Mundial e ONU).

7.2 RAZÃO

> Razão é uma relação entre duas grandezas distintas, em que o numerador *não está contido* no denominador.

Para obter razão, você divide a por b. O resultado, multiplicado por 100, dá a razão em porcentagem.

$$\text{Razão} = \frac{a}{b} \times 100$$

7.2.1 Razão de sexo

> Razão de sexo é o quociente entre o número de homens e número de mulheres, para determinada população e em determinado período de tempo, multiplicado por 100.
>
> $$\text{Razão de sexo} = \frac{n^\text{o} \text{ de homens}}{n^\text{o} \text{ de mulheres}} \times 100$$

Veja a razão de sexo no Brasil, para cada grupo de idade na Tabela 7.2 e no Gráfico 7.4.

Tabela 7.2 Razão de sexo para cada grupo de idade da população residente no Brasil – 2010

Grupo de idade	Ponto central	Homens	Mulheres	Razão de sexo
0 a 4 anos	2,5	7.016.987	6.779.172	103,5%
5 a 9 anos	7,5	7.624.144	7.345.231	103,8%
10 a 14 anos	12,5	8.725.413	8.441.348	103,4%
15 a 19 anos	17,5	8.558.868	8.432.002	101,5%
20 a 24 anos	22,5	8.630.227	8.614.963	100,2%
25 a 29 anos	27,5	8.460.995	8.643.418	97,9%
30 a 34 anos	32,5	7.717.657	8.026.855	96,1%
35 a 39 anos	37,5	6.766.665	7.121.916	95,0%
40 a 44 anos	42,5	6.320.570	6.688.797	94,5%
45 a 49 anos	47,5	5.6920.13	6.141.338	92,7%
50 a 54 anos	52,5	4.834.995	5.305.407	91,1%

Conclusão

Grupo de idade	Ponto central	Homens	Mulheres	Razão de sexo
55 a 59 anos	57,5	3.902.344	4.373.875	89,2%
60 a 64 anos	62,5	3.041.034	3.468.085	87,7%
65 a 69 anos	67,5	2.224.065	2.616.745	85,0%
70 a 74 anos	72,5	1.667.373	2.074.264	80,4%
75 a 79 anos	77,5	1.090.518	1.472.930	74,0%
80 a 84 anos	82,5	668.623	998.349	67,0%
85 a 89 anos	87,5	310.759	508.724	61,1%
90 a 94 anos	92,5	114.964	211.595	54,3%
95 a 99 anos	97,5	31.529	66.806	47,2%
100 anos e mais	102,5	7.247	16.989	42,7%
Total		93.406.990	97.348.809	96,0%

Fonte: Censo Demográfico 2010 – IBGE (2011).[7]

Gráfico 7.4 Razão de sexo para cada grupo de idade da população residente no Brasil Demográfico – 2010

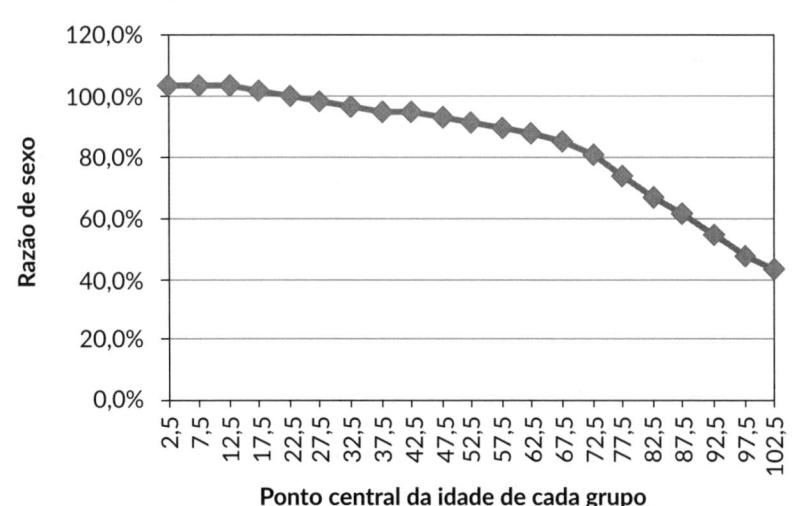

Fonte: Censo Demográfico 2010 – IBGE (2011).[8]

---

[7] Disponível em: <http://www.ibge.gov.br>. Acesso em: 15 set. 2016.
[8] Disponível em: <http://www.ibge.gov.br>. Acesso em: 15 set. 2016.

O Gráfico 7.4 mostra que até mais ou menos 25 anos de idade havia no Brasil mais homens do que mulheres. Depois, essa situação mudou: em cada faixa de idade havia mais mulheres do que homens (a razão de sexo diminui progressivamente).

Isto acontece porque nascem mais homens do que mulheres, mas, em média, homens morrem com idade menor do que mulheres. Em 2010, a expectativa de vida do brasileiro estava em 69,7 anos para homens e 77,3 anos para mulheres.

7.3 NÚMERO-ÍNDICE

Número-índice é o quociente entre o valor de uma variável em determinada data (poderia ser, por exemplo, este mês, este ano) e o valor dessa mesma variável em data anterior, denominada *data-base* (em outro mês, ou em outro ano). Esse resultado é multiplicado por 100.

$$\text{Número índice} = \frac{\text{Valor da variável na data corrente}}{\text{Valor da variável na data-base}} \times 100$$

O número-índice serve para dar ideia da *mudança no valor de uma variável* entre a data corrente e a data-base.

Por exemplo, se 120 alunos se inscreveram este ano em determinado curso e, no ano anterior, haviam se inscrito 80, o número-índice é

$$\text{Índice} = \frac{120}{80} \times 100 = 150$$

O número-índice de 150 significa 150% do valor da variável na data-base, ou seja, o número de inscritos aumentou 50%.

7.3.1 Índice relativo de preço

Índice relativo de preço é o quociente entre o *preço* do produto *em determinado período* e o *preço* desse mesmo produto em outra data, definida como *data-base*. Esse resultado é multiplicado por 100.

$$\text{Índice relativo de preço} = \frac{\text{Preço em determinado período}}{\text{Preço na data-base}} \times 100$$

Por exemplo, se um produto alcançou, em determinado período, preço igual a 56 e, na data-base, o preço desse produto era 35, o índice relativo de preço é

$$\frac{56}{35} \times 100 = 160$$

Veja outro exemplo. Um saco de 15 kg de ração para cães custava, nos supermercados da cidade de São Paulo, R$ 40,00 em abril de 2003 e R$ 52,00 em maio de 2003. Para calcular o índice relativo de preço (ZAFALON, 2003):

- Preço em maio de 2003 = R$ 52,00.
- Preço em abril de 2003 (tomado como data-base) = R$ 40,00.

$$\text{Índice relativo de preço} = \frac{52,00}{40,00} \times 100 = 130$$

Por convenção, escreve-se apenas 130 – não se usa o símbolo % depois de um índice de preços. Entretanto, um índice relativo de preços de 130 significa 130% do valor da variável na data-base, ou seja, o aumento de preço foi igual a 30%.

O *índice relativo de preço* dá ideia da evolução do preço de *um único produto*. Só que você *não* compra um só produto. Compra um conjunto de mercadorias e serviços para alimentação, habitação, vestuário, saúde e cuidados pessoais, educação, leitura e recreação, transporte, comunicação etc. Então você tem sua *cesta de compras*.

Cesta de compras de uma pessoa é formada pelo conjunto de mercadorias e as respectivas quantidades que essa pessoa consome durante certo período de tempo (IBGE, 2006).

Os institutos de pesquisa fazem, então, o que se chama de Pesquisa de Orçamentos Familiares (POF), isto é, levantam, entre outros dados, os preços de *cestas de compras* de grande número de pessoas de diferentes faixas de renda em diversas regiões metropolitanas do País.

O conjunto de famílias para o qual se faz estudo dos preços é chamado de *população-objetivo*. A união das cestas de todas as famílias da amostra é a *cesta-padrão da população-objetivo*.

Índice de preço é o quociente entre o preço da *cesta-padrão* no período de interesse (mês ou ano) e o preço dessa mesma cesta em outro período (mês ou ano) definido como *base*. O resultado é multiplicado por 100.

O índice de preço mostra a extensão com que um preço (ou uma "cesta" de preços) mudou durante determinado período (mês, ano) comparado com o(s) preço(s) de outro período (mês, ano) tomado como data-base, para a mesma *população-objetivo*.

Na *data-base* (ou seja, uma data que os pesquisadores tomam para referência), o índice de preços é 100 (ou seja, 100%).

Se, na data de hoje, o índice de preços for 110 (ou seja, 110%), significa que a *inflação no período* (da data-base até hoje), medida por esse índice, foi igual a 10%.

Os principais índices de preços são o Índice Nacional de Preços ao Consumidor Restrito calculado pelo Instituto Brasileiro de Geografia e Estatística (INPC/IBGE), o Índice de Preços ao Consumidor da Fundação Instituto de Pesquisas Econômicas (IPC/FIPE) e o Índice Geral de Preços da Fundação Getulio Vargas (IGP/FGV). Esses índices são publicados em jornais, na internet, na televisão. Na próxima seção, você aprenderá a usar os índices de preços para obter valores deflacionados.

7.4 VARIAÇÃO PERCENTUAL

Jornais, revistas, televisão, internet apresentam, regularmente, a *variação percentual de valores ou quantidades*. Você é informado sobre uma porcentagem. Mas o que significa essa porcentagem?

> Para calcular a variação percentual de uma variável ao longo do tempo, você precisa de um valor "inicial" e um valor "final". A variação percentual é dada pela fórmula:
>
> $$\frac{\text{Valor final} - \text{Valor inicial}}{\text{Valor inicial}} \times 100$$

A variação percentual mostra a *mudança* ocorrida na variável, ao longo do tempo ou no espaço. O cálculo parece simples, mas deixa muita gente em dúvida.

Veja um exemplo. Uma loja de departamentos informa que está fazendo uma liquidação e você encontra produtos com "até 50% de desconto". Um item que interessa a você custava R$90,00 e está sendo oferecido por R$77,90. Qual é o desconto oferecido nesse produto?

Para aplicar a fórmula

$$\frac{\text{Valor final} - \text{Valor inicial}}{\text{Valor inicial}} \times 100$$

você precisa:

- Valor final (na liquidação), que é R$77,90.
- Valor inicial (sem desconto), que é R$90,00.

$$\frac{77,90 - 90,00}{90,00} \times 100 = -13,4\%$$

O sinal negativo indica *queda no preço*. O desconto, no produto que interessa a você, é de 13,4%.

Veja outro exemplo. O jornal *O Estado de S. Paulo* denunciou aumento de desmate na Amazônia no período de um ano. Segundo o jornal (CASTRO, 2015), o desmate da Amazônia Legal foi de 58 km² em março de 2015. No mesmo mês do ano anterior, haviam sido derrubados 20 km² de florestas. Qual foi a variação percentual das quantidades?

Para responder à questão, é preciso ter as quantidades:

- Quantidade final (de 2015), que é 58 km².
- Quantidade inicial (de 2014), que é 20 km².

Veja o Gráfico 7.5: o desmate foi muito maior em 2015 do que em 2014. A variação percentual é obtida pela fórmula:

$$\frac{\text{Valor final} - \text{Valor inicial}}{\text{Valor inicial}} \times 100$$

Então:

$$\frac{58-20}{20} \times 100 = 190\%$$

Gráfico 7.5 Aumento do desmate na Amazônia entre 2014 e 2015

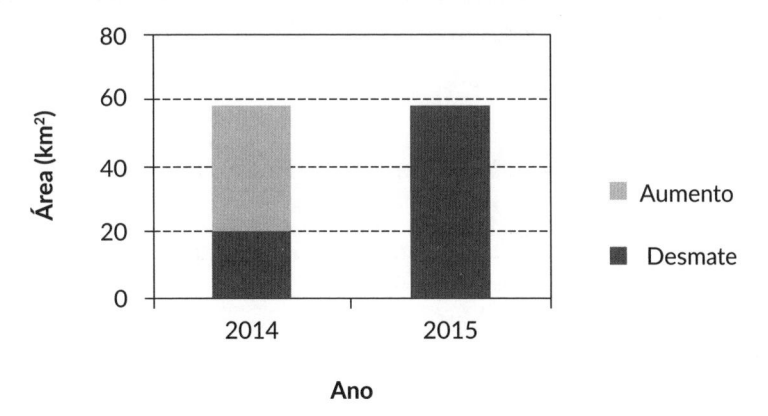

Fonte: Sistema de Alerta de Desmatamento (SAD) do Instituto do Homem e Meio Ambiente da Amazônia (IMAZON).

O Gráfico 7.5 e o resultado do cálculo deixam claro que o desmate na Amazônia aumentou muito de 2014 para 2015, ou seja, houve 190% de aumento no desmate no período.

É importante notar que um sinal negativo no cálculo da variação percentual de um valor em determinado período indica *queda, recuo, baixa,* e um sinal positivo aponta *alta, aumento, subida.*

Veja agora um exemplo em que se comparam *não* dois períodos de tempo, mas duas condições. Na parte objetiva da prova do ENEM 2014, a média geral foi de 557,98 na rede privada e de 490,99 nas escolas públicas (O ESTADO DE S. PAULO, 2015). O Gráfico 7.6 apresenta essas médias; a parte clara, no gráfico, indica a diferença de médias.

Gráfico 7.6 Médias obtidas no ENEM 2014 por alunos da rede privada e da rede pública

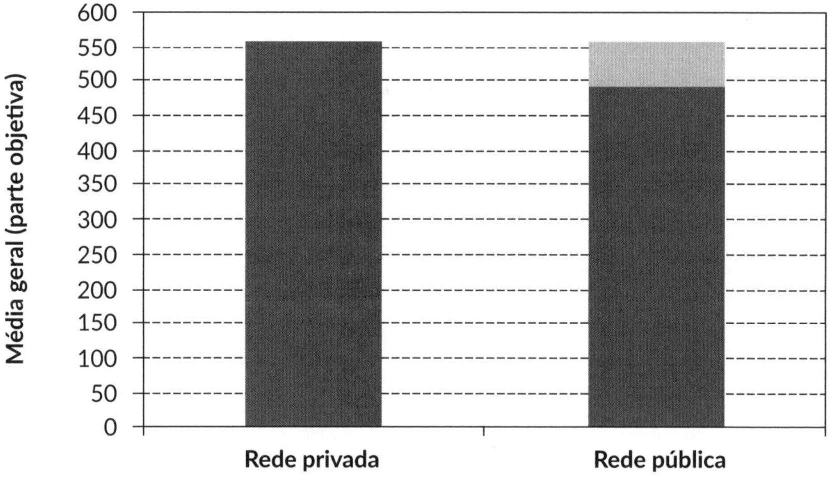

Fonte: *O Estado de S. Paulo* (2015).

Você já sabe calcular a variação percentual. Nesse caso, é obtida pela fórmula:

$$\frac{\text{Valor maior} - \text{Valor menor}}{\text{Valor menor}} \times 100$$

Então:

$$\frac{557,98 - 490,99}{490,99} \times 100 = 13,6\%$$

Esse resultado mostra que a média dos alunos das escolas da rede privada de ensino foi igual à média dos alunos das escolas públicas, acrescida de 13,6% desse valor.

Veja ainda mais um exemplo. O jornal *Folha de S. Paulo* informou, em 5 de agosto de 2016, que o dólar comercial (usado no comércio exterior) recuou em relação ao dia anterior 0,81%, a R$3,17. Qual era a cotação do dólar comercial no dia 4 de agosto de 2016? Lembre-se de que a porcentagem de alta ou de queda é dada por:

$$\frac{\text{Valor final} - \text{Valor inicial}}{\text{Valor inicial}} \times 100$$

Temos o valor final R$3,17 e a porcentagem de queda, que é 0,81%, mas com sinal negativo. Então o valor inicial de 4 de agosto, que indicaremos por x, é:

$$\frac{3,17 - x}{x} \times 100 = -0,81$$
$$3,17 - x = -0,81x$$
$$3,17 = x(1 - 0,81)$$
$$x = \frac{3,17}{0,9919} = 3,196$$

7.4.1 Pontos percentuais

Muito importante é não confundir *crescimento em "pontos percentuais"* com *"porcentagem de crescimento"* ou, na mesma lógica, diminuir *"cinco pontos percentuais"* com *diminuição de 5%*.

Veja um exemplo. Em determinado ano, foram aprovados, em vestibulares, 70% dos alunos de um curso preparatório e, no ano seguinte, foram aprovados 80%. A variação percentual é

$$\frac{80 - 70}{70} \times 100 = 14,3\%$$

Contudo, o fato é que o curso passou de 70% de aprovados para 80%. Então, houve uma diferença, entre um ano e outro, de

80% − 70% = 10 pontos percentuais.

> *Ponto percentual* é o nome da unidade que indica o valor absoluto da *diferença* entre percentagens.

Veja outro exemplo. Em 2000, a taxa de analfabetismo das pessoas com 15 anos de idade ou mais no Brasil era de 13,6% e em 2010 era de 9,6%.[9] Houve uma queda de

$$13,6 - 9,6 = 4,0 \text{ pontos percentuais}$$

A variação percentual foi negativa, indicando queda:

$$\frac{9,6-13,6}{13,6} \times 100 = -29,4\%$$

Veja, ainda, outro exemplo. A taxa de mortalidade infantil no Brasil caiu de 51,6 mortes de crianças a cada mil nascidos vivos em 1990 para 12,9 mortes a cada mil nascidos vivos, em 2012.[10]

Para saber a diferença em pontos percentuais, é preciso, primeiramente, transformar a taxa de mortalidade infantil, que é dada por mil nascidos vivos, em porcentagem. Então: 51,6‰ significa 5,16%; 12,9‰ significa 1,29%. A diferença é

$$5,16 - 1,29 = 3,87 \text{ pontos percentuais}$$

ou seja, praticamente 4 pontos percentuais.

É importante entender: o termo "pontos percentuais" é usado para fugir da ambiguidade, quando comparamos duas porcentagens. Parece confuso porque vimos, por exemplo: 5,16% - 1,29% = 3,87 pontos percentuais. O problema é que "por cento" remete à ideia de fração de uma quantidade (um aumento de 10% no salário), e não a uma mudança para mais ou para menos (o salário aumentou em R$100,00).

NESTE CAPÍTULO, VOCÊ APRENDEU QUE:

- *Taxa* é uma relação entre duas grandezas em que o numerador *faz parte* do denominador, ou seja, o denominador *contém* o numerador. O resultado pode ser multiplicado por 100, ou por 1.000, ou 10.000.
- *Razão* é uma relação entre duas grandezas em que o numerador *não faz parte* do denominador, ou seja, na razão o numerador *não está contido* no denominador.
- *Número-*índice é o quociente entre o valor de uma variável em determinada data (poderia ser, por exemplo, este mês, este ano) e o valor dessa

---

[9] Disponível em: <www.ibge.gov.br/home/estatistica>. Acesso em: 15 set. 2016.
[10] Veja a Tabela 6.1 deste livro.

mesma variável em data anterior, denominada *data-base* (em outro mês, ou em outro ano). Esse resultado é multiplicado por 100.

- Para calcular a variação percentual de uma variável ao longo do tempo, você precisa de um valor "inicial" e um valor "final". A variação percentual é dada pela fórmula:

$$\frac{\text{Valor final} - \text{Valor inicial}}{\text{Valor inicial}} \times 100$$

- *Ponto percentual* é o nome da unidade que indica o valor absoluto da *diferença* entre percentagens.

7.5 EXERCÍCIOS

1. Uma empresa tem oferecido vagas para estagiários, nos últimos quatro anos. O número de inscrições tem aumentado. Foram feitas 22 inscrições no primeiro ano, 33 no segundo, 66 no terceiro e 99 no último ano. Calcule os números-índices, tomando o primeiro ano como base. Interprete.

2. É dada a população residente no Brasil, segundo os grupos de idade, nos Censos Demográficos de 1950 a 2010. Calcule a participação relativa de cada grupo de idade na população e apresente em uma tabela.

Tabela 7.3 População residente segundo os grupos de idade Brasil – 1950/2010

Grupos de idade	Ano do Censo Demográfico						
	1950	1960	1970	1980	1991	2000	2010
BRASIL	51.827.765	70.092.376	9.2955.059	118.874.665	146.825.475	169.799.170	190.755.799
De 0 a 14 anos	21.694.974	29.912.768	39.130.433	45.460.763	50.988.432	50.266.122	45.932.295
De 15 a 64 anos	28.863.622	38.251.574	50.899.545	68.643.470	88.751.196	109.597.946	130.742.024
65 anos e mais	1.269.169	1.928.034	2.925.081	4.770.432	7.085.847	9.935.100	14.081.480

Fonte: IBGE – Censos Demográficos 1950-2010.

3. Faça um gráfico de linhas com os valores obtidos no exercício 2, da participação relativa de cada grupo de idade na população brasileira. Comente.

4. Crescimento relativo é o quociente entre a diferença da população no instante *t* e a população inicial. É, portanto, a variação percentual. Cal-

cule então a variação percentual do crescimento da população brasileira, segundo os censos. Note que a população está aumentando – é o crescimento absoluto –, mas o crescimento relativo é cada vez menor.

Tabela 7.4 População do Brasil, segundo o ano do censo

Ano do censo	População
1872 (1)	9.930.478
1880 (1)	14.333.915
1900 (1)	17.438.434
1920 (1)	30.635.605
1940 (1)	41.236.315
1950 (1)	51.944.397
1960 (2)	70.992.343
1970 (2)	94.508.583
1980 (3)	121.150.573
1991 (3)	146.917.459
2000 (3)	169.799.170
2010 (3)	190.755.799

(1) População presente.
(2) População recenseada.
(3) População residente.

Fonte: IBGE – Censo Demográfico 1872, 1890, 1900, 1920, 1940, 1950, 1960, 1970, 1980, 1991, 2000 e 2010.

5. Foi feita, pelo IBGE, uma projeção da população do Brasil por sexo e por idade. Em 2004, foi realizada uma revisão para os dados que haviam sido projetados para o ano 2000. Calcule a variação percentual entre a projeção e os resultados do censo 2000, apresentados abaixo. Foram razoáveis as projeções?

Tabela 7.5 Valores projetados e valores observados, por grupo de idade

Grupos	Projeção	Censo
Brasil	17.1279.882	169.799.170
De 0 a 14 anos	51.002.937	50.266.122
De 15 a 49 anos	94.093.847	92.489.693
50 anos ou mais	26.183.098	27.043.354

Fonte: IBGE – Censos Demográficos 1991, 1996 e 2000. Projeção da população do Brasil por sexo e por idade.

6. Calcule a razão de sexo para os dados apresentados na Tabela 7.6.

Tabela 7.6 População segundo o sexo e o ano do censo Brasil – 1940/2010

Anos	Total	
	Homens	Mulheres
1940 (1)	20.614.088	20.622.227
1950 (1)	25.885.001	26.059.396
1960 (1)	35.055.457	35.015.000
1970 (2)	46.331.343	46.807.694
1980 (2)	59.123.361	59.879.345
1991 (2)	72.485.122	74.340.353
2000 (2)	83.576.015	86.223.155
2010 (2)	93.406.990	97.348.809

(1) População presente.
(2) População residente
Fonte: IBGE (1987; 1996; 1997).

7. A Pesquisa Mensal de Emprego divulgada em 2011 pelo Instituto Brasileiro de Geografia e Estatística (IBGE)[11] informa que em maio de 2011 havia 21,9 milhões de pessoas empregadas no Brasil. Em relação ao mesmo mês do ano anterior, o número de pessoas trabalhando aumentou de 894

[11] Disponível em: <http://www.ibge.gov.br/pesquisa>. Acesso em: 20 maio 2011.

mil. Qual foi o aumento percentual (ou em que porcentagem aumentou o número de pessoas empregadas no Brasil)?

8. Se o preço de certo produto dobrou de valor entre janeiro de 2015 e janeiro de 2016, qual é o índice de preço em janeiro de 2016?

9. São dados o ano e o preço, sempre no mês de janeiro, de determinado produto. Calcule os índices de preço, tomando como data-base o ano de 2013. Depois, faça um gráfico para mostrar a evolução do preço do produto.

Tabela 7.7 Preços de determinado produto no período de 2013/2016

Ano	Preço
2013	35
2014	42
2015	84
2016	126

10. O número de inscritos no Exame Nacional do Ensino Médio (ENEM) 2014 foi 8.721.946.[12] Em 2015, número de inscritos foi de 8.478.096.[13] Calcule a variação percentual.

As respostas dos exercícios estão disponíveis no final do livro.

---

[12] Disponível em: <http://educacao.uol.com.br/noticias/2014/06/16/enem-2014-tem-87--milhoes-de-inscritos-e-supera-expectativa-do-governo.htm>. Acesso em: 10 out. 2016.
[13] Enem 2015 tem queda de 10,7% no número de inscritos. Disponível em: <www.valor.com.br/empresas/.../enem-2015-tem-queda-de-107-no-numero-de-inscrito>. Acesso em: 10 out. 2016.

8

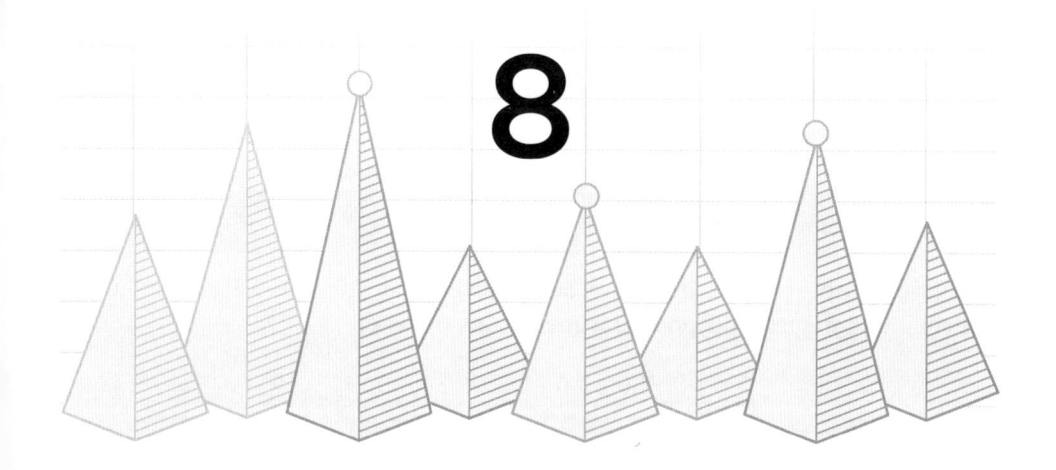

MEDIDAS DE TENDÊNCIA CENTRAL

> Depois de ler este capítulo, você será capaz de:
>
> 1. Definir média, mediana e moda.
> 2. Calcular média, mediana e moda de um conjunto de dados.
> 3. Saber que existem fórmulas para o cálculo de média, mediana e moda de dados agrupados.
> 4. Saber que existem fórmulas para o cálculo de média geométrica e média harmônica.

Neste capítulo, são apresentadas as medidas de tendência central, com os procedimentos de cálculo. É recomendável fazer alguns cálculos à mão antes de buscar um programa de computador. Dessa forma, o conceito é apreendido. Para que isso seja possível, muitos dos exercícios numéricos propostos não exigem, para serem resolvidos, nem mesmo uma calculadora.

8.1 MÉDIA ARITMÉTICA

Os dados apresentados em tabelas e gráficos fornecem informação que você "vê". No entanto, às vezes é difícil apresentar e interpretar o que um conjunto de dados significa. Para entender esse argumento, imagine que um aluno fez cinco provas em Matemática e obteve as notas 7,0; 3,0; 5,5; 6,5; e 8,0. O aluno foi ou não foi aprovado?

Você resume a informação contida em um conjunto de dados quantitativos fornecendo o ponto em torno do qual esses dados se distribuem. Tais valores constituem as *medidas de tendência central*, definidas neste capítulo. Vamos definir aqui média, mediana e moda.

> A *média aritmética* de um conjunto de dados é a soma de todos eles dividida pelo número de dados do conjunto.

No caso do exemplo, do aluno que obteve notas 7,0; 3,0; 5,5; 6,5; e 8,0 em Matemática foi aprovado porque a média das notas é:

$$\text{Média} = \frac{7,0+3,0+5,5+6,5+8,0}{5} = 6,0$$

A média aritmética é uma medida de tendência central porque é a *abscissa do ponto em torno do qual os dados se distribuem*. Para entender essa ideia, imagine as notas do aluno representadas sobre um eixo, como mostra o Gráfico 8.1. A média aritmética é a abscissa (a distância de zero, medida do início do eixo) do ponto em torno do qual os dados se distribuem.

Gráfico 8.1 Distribuição de dados em torno da média

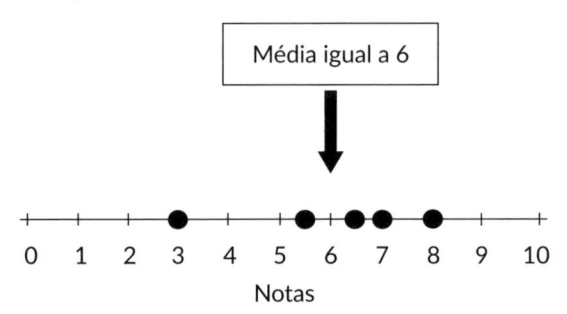

A *média aritmética de uma amostra* é representada por $\bar{x}$ (lê-se x-traço ou x-barra). O tamanho da amostra é indicado por *n*. Então, a fórmula para o cálculo da média aritmética de uma amostra é:

$$\bar{x} = \frac{1}{n}\sum x$$

A letra grega Σ (sigma) é usada, em Matemática, como símbolo para indicar uma soma. Lê-se *somatório*. Quando se escreve Σx, lê-se "somatório de *x*", e isso significa:

$$x_1 + x_2 + ... + x_n$$

A maneira mais correta de indicar que todos os n valores de x devem ser somados é como segue:

$$\sum_{i=1}^{n} x_i$$

que se lê "somatório de x índice i, i variando de 1 a n". Fica claro, com essa indicação, que existem n valores x_i de 1 até n. Logo, a maneira mais correta de escrever a fórmula da média aritmética é:

$$\bar{x} = \frac{1}{n}\sum_{i=1}^{n} x_1$$

Por simplicidade, esse tipo de notação não é usado neste livro.

8.1.1 Média aritmética de dados apresentados em tabelas de distribuição de frequências

Para entender como se calcula a *média aritmética de dados apresentados em tabelas de distribuição de frequências*, primeiro observe a Tabela 8.1. São apresentados 300 alunos, distribuídos de acordo com o número de advertências que tiveram durante determinado ano: 211 não tiveram nenhuma advertência (0 advertência), 40 tiveram 1 advertência, 30 tiveram 2 advertências, 12 tiveram 3 advertências, 4 tiveram 4 advertências, 2 tiveram 5 advertências e 1 teve 6 advertências.

Para achar a média, você teria que somar 211 vezes o número zero, 40 vezes o número um e assim por diante, para depois dividir o resultado por 300. No entanto, isso é o mesmo que multiplicar zero por 240, um por 40 etc., somar e dividir por 300.

Tabela 8.1 Distribuição dos alunos segundo o número de advertências e/ou suspensões escolares

Número de advertências e/ou suspensões escolares (x)	Número de alunos (f)
0	211
1	40
2	30
3	12
4	4
5	2
6	1
Total	**300**

Para obter a média dos dados apresentados na Tabela 8.1, siga os seguintes passos, apresentados na Tabela 8.2:

- Multiplique cada valor observado (x) pelo número de vezes que ele ocorre, ou seja, pela frequência (f); portanto, calcule xf.
- Some esses produtos, isto é, calcule Σxf.
- Some as frequências, isto é, calcule Σf. A soma das frequências é o número de alunos do curso.
- Aplique a fórmula:

$$\bar{x} = \frac{\sum xf}{\sum f}$$

Tabela 8.2 Cálculos intermediários para a obtenção da média dos dados da Tabela 8.1

x	f	xf
0	211	0
1	40	40
2	30	60
3	12	36
4	4	16
5	2	10
6	1	6
Total	Σf=300	Σxf=360

Para obter a média aritmética dos dados da Tabela 8.1, usando os cálculos apresentados na Tabela 8.2, calcule:

$$\bar{x} = \frac{168}{300} = 0,56$$

ou seja, ocorreu, em média, 0,56 advertência e/ou suspensão escolar por aluno.

A *média de dados agrupados em classes* é calculada de maneira similar, com uma única diferença: sendo os dados contínuos, os valores de x são substituídos pelos pontos centrais das classes, aqui indicados por x*. Observe os dados da Tabela 8.3.

Cap. 8 • MEDIDAS DE TENDÊNCIA CENTRAL

Tabela 8.3 Distribuição das estaturas, em centímetros, dos alunos de um curso fundamental

Classe	Ponto central (x^*)	Frequência (f)
135 ⊢ 145	140	15
145 ⊢ 155	150	150
155 ⊢ 165	160	250
165 ⊢ 175	170	70
175 ⊢ 185	180	10
185 ⊢ 195	190	5
Total		$\Sigma f = 500$

Para obter a média de dados agrupados em classes, siga os seguintes passos, apresentados na Tabela 8.4:

- Multiplique cada ponto central de classe pela frequência da classe, isto é, calcule x^*f.
- Some esses produtos, obtendo Σx^*f.
- Some as frequências, para obter Σf.
- Aplique a fórmula:

$$\bar{x} = \frac{\sum x * f}{\sum f}$$

Tabela 8.4 Cálculos intermediários para a obtenção da média dos dados da Tabela 8.3

Classe	x^*	f	x^*f
135 ⊢ 145	140	15	2.100
145 ⊢ 155	150	150	22.500
155 ⊢ 165	160	250	40.000
165 ⊢ 175	170	70	11.900
175 ⊢ 185	180	10	1.800
185 ⊢ 195	190	5	950
Total		$\Sigma f = 500$	$\Sigma x^*f = 79.250$

A média aritmética dos dados apresentados na Tabela 8.3 é:

$$\bar{x} = \frac{79250}{500} = 158,5$$

ou seja, os alunos têm, em média, 158,5 cm de estatura.

8.2 MEDIANA

Mediana é o valor que ocupa a posição central de um conjunto de dados ordenados.

Se o *número de dados for ímpar*, a mediana será o valor que ocupa a posição central dos dados ordenados. Observe a Tabela 8.5.

Tabela 8.5 Notas de cinco alunos

Aluno	Nota
André	5,0
Carla	5,5
Eliana	8,5
Júlio	7,0
Pedro	8,0

Para obter a mediana das notas que estão na Tabela 8.5, é preciso colocar as notas em ordem crescente, como segue:

5,0; 5,5; 7,0; 8,0; 8,5.

A mediana é o valor que está no centro, ou seja, 7,0.

Se o *número de dados for par*, a mediana será a média aritmética dos dois valores que ocupam a posição central dos dados ordenados. Observe os dados apresentados na Tabela 8.6.

Tabela 8.6 Notas de seis alunos

Aluno	Nota
André	5,0
Carla	5,5
Eliana	8,5
Júlio	7,0
Pedro	8,0
Ricardo	10,0

Para obter a mediana, você escreve os dados em ordem crescente:

5,0; 5,5; 7,0; 8,0; 8,5; 10,0.

Como o número de dados é seis, que é par, a mediana é a média aritmética dos valores que estão em terceiro e quarto lugares, porque existem dois números antes do terceiro e dois números depois do quarto. Então, a mediana dos dados apresentados na Tabela 8.6 é a média aritmética dos valores 7,0 e 8,0:

$$\frac{7,0+8,0}{2}=7,5$$

Como regra geral: em um conjunto de n dados, se n for ímpar, a mediana será o valor de ordem $(n+1)/2$; se n for par, a mediana será a média aritmética dos elementos de ordem $n/2$ e $(n+2)/2$.

Por exemplo, se um conjunto de dados tiver cinco elementos, a mediana é o elemento de ordem $(5+1)/2$, ou seja, é o terceiro elemento. Se um conjunto de dados tiver seis elementos, a mediana é a média aritmética dos elementos de ordens 3 e 4.

8.2.1 Mediana de dados apresentados em tabelas de distribuição de frequências

Observe a Tabela 8.7: as notas de 817 alunos que prestaram exame vestibular estão organizadas em classes.

Tabela 8.7 Distribuição das notas obtidas pelos alunos em um exame vestibular

Classe	Frequência	Frequência acumulada
0 ⊢ 10	4	4
10 ⊢ 20	109	113
20 ⊢ 30	216	329
30 ⊢ 40	209	538
40 ⊢ 50	135	673
50 ⊢ 60	80	753
60 ⊢ 70	32	785
70 ⊢ 80	15	800
80 ⊢ 90	12	812
90 ⊢ 100	5	817
Total	817	

A mediana de um número ímpar de dados, no caso 817 notas de alunos, é o valor de ordem:

$$\frac{n+1}{2} = \frac{817+1}{2} = 409$$

ou seja, no conjunto de notas organizado em ordem crescente, a mediana será a nota que ocupar a posição 409.

Para determinar em que classe a mediana está, observe as frequências acumuladas:

- A primeira classe, (0 ⊢ 10), contém quatro notas; logo, os números de ordem dessa classe vão de 1 a 4.
- A segunda classe (10 ⊢ 20) contém notas com os números de ordem de 5 a 113.
- A terceira classe (20 ⊢ 30) contém notas com os números de ordem de 114 a 329.
- A quarta classe (30 ⊢ 40) contém as notas com números de ordem 330 até 538.

A mediana está, portanto, na quarta classe, porque a mediana é o elemento de ordem 409. Para obter o valor da mediana, aplique a fórmula:

$$md = L_h + \frac{a}{f_h}\left(\frac{n}{2} - F_{(h-1)}\right)$$

Onde:

md = mediana.
L_h = limite inferior da classe que contém a mediana.
a = amplitude do intervalo de classe.
f_h = frequência da classe que contém a mediana.
n = número de dados no conjunto.
$F_{(h-1)}$ = frequência acumulada até a classe anterior à classe que contém a mediana.

No exemplo:

$L_h = 30$
$a = 10$
$f_h = 209$
$n = 817$
$F_{(h-1)} = 329$

Então a mediana é:

$$md = 30 + \frac{10}{209}\left(\frac{817}{2} + 329\right) = 33,8$$

8.3 MODA

Moda é o valor que ocorre com maior frequência em um conjunto de dados.

Imagine que um aluno obteve as seguintes notas:

$$7;\ 8;\ 5;\ 7;\ 7;\ 9.$$

A moda das notas desse aluno é 7 porque essa nota ocorre três vezes, enquanto as outras aparecem uma única vez. O exemplo ajuda a entender a definição, mas é importante saber que, na prática, só tem sentido calcular a moda quando o conjunto de dados é bastante grande. Observe agora os dados apresentados na Tabela 8.8.

Tabela 8.8 Distribuição das classes de uma escola segundo o número de alunos reprovados por classe

Número de alunos reprovados por classe	Número de classes
0	1
1	5
2	8
3	13
4	7
5	0
6	2
Total	**36**

A escola tem 36 classes, como mostra a Tabela 8.8. O número de alunos reprovados por classe variou entre 0 (em uma classe não houve reprovações) até 6 (em duas classes ocorreram 6 reprovações). No entanto, houve mais classes, ou seja, 13, com 3 reprovações. Logo, a moda de alunos reprovados por classe nessa escola é 3.

8.3.1 Moda de dados contínuos organizados em classes

A Tabela 8.9 mostra que, na empresa, há mais empregados com idades entre 25 ⊢ 30. A frequência nessa classe de idade é 27, maior que em todas as outras. Então, essa é a *classe modal* (são mais comuns empregados com idade entre 25 ⊢ 30).

Tabela 8.9 Distribuição dos empregados de uma empresa segundo a idade

Classe	Frequência
10 ⊢ 15	2
15 ⊢ 20	7
20 ⊢ 25	15
25 ⊢ 30	27
30 ⊢ 35	20
35 ⊢ 40	17
40 ⊢ 45	12
45 e mais	9
Total	**109**

Também pode ser calculado o valor da moda de dados organizados em tabela de distribuição de frequências. Se as classes tiverem intervalos de igual tamanho, a moda, aqui representada por *mo*, é obtida por meio da fórmula:

$$mo = L_h + \frac{a\left(f_h - f_{(h-1)}\right)}{2f_h - \left(f_{(h-1)} + f_{(h+1)}\right)}$$

Nessa fórmula:

L_h = limite inferior da classe modal.
a = amplitude do intervalo de classe.
f_h = frequência da classe modal.
$f_{(h-1)}$ = frequência da classe anterior à classe modal.
$f_{(h+1)}$ = frequência da classe posterior à classe modal.

Para os dados apresentados na Tabela 8.9, a classe modal é 25 |– 30. Podemos, agora, calcular a moda:

$L_h = 25$
$a = 5$
$f_k = 27$
$f_{k-1} = 15$
$f_{k+1} = 20$,

$$mo = 25 + \frac{5 \times (27-15)}{2 \times 27 - (15+20)} = 28,16$$

Quando os intervalos de classe são iguais, a classe modal é a classe que apresenta maior frequência. Se os intervalos de classe são diferentes, a classe modal será a que apresentar maior densidade de frequência e, consequentemente, maior densidade de frequência relativa. Para determinar a moda, nesses casos, é preciso calcular as densidades de frequência ou as densidades de frequência relativa, como foi mostrado na seção 5.3.5.

Observe a Tabela 8.10.[1] A classe "de 1 a 2 salários mínimos" apresenta a maior frequência relativa, 27,78 e a maior densidade de frequência relativa, 27,78. Então, essa é classe modal.

Tabela 8.10 Pessoas de 10 anos e mais de idade, ocupadas na semana de referência, por classes de rendimento nominal do trabalho – Censo Demográfico 2000

Classes (salário mínimo) (1)	Frequência (2)	Frequência relativa	Densidade relativa
Até 1	15.532.151	25,63	25,63
De 1 a 2	16.836.339	27,78	27,78
De 2 a 3	8.286.955	13,67	13,67
De 3 a 5	8.361.371	13,80	6,90
De 5 a 10	7.187.542	11,86	2,37
De 10 a 20	2.919.803	4,82	0,48
Mais de 20	1.484.014	2,45	0,06
Total	60.608.175	100,00	

(1) Salário mínimo utilizado: R$ 151,00.
(2) Exclusive pessoas que receberam somente em benefícios.
Fonte: IBGE – Censo Demográfico 2000.[2]

---

[1] Esta tabela já foi apresentada na Seção 5.3.5, para exemplificar histogramas com classes de tamanhos diferentes.
[2] Disponível em: <http://www.ibge.gov.br/home/estatistica/populacao/censo2000/trabalho_rendimento/tabrendbr128.pdf>. Acesso em: 6 set. 2016.

8.4 MÉDIA PONDERADA, MÉDIA GEOMÉTRICA E MÉDIA HARMÔNICA

8.4.1 Média ponderada

> *Média ponderada* é a soma dos produtos dos dados (*x*) pelos respectivos pesos (*p*), dividida pela soma dos pesos.

A *média ponderada* é muito usada para notas escolares e de concursos, quando se dá maior peso (o que corresponde maior importância) a determinada(s) prova(s). Para entender como se calculam médias ponderadas, imagine que um aluno fez três provas em determinada disciplina em que a matéria é acumulativa, isto é:

- Na primeira prova, foram feitas perguntas sobre a matéria lecionada até a data dessa primeira prova.
- Na segunda prova, foram feitas perguntas sobre a matéria lecionada desde o início do curso até a data dessa segunda prova.
- Na terceira prova, foram feitas perguntas sobre toda a matéria lecionada.

A primeira prova é mais fácil do que a segunda; esta é mais fácil do que a terceira porque, para a primeira prova, havia menos matéria para estudar do que para a segunda; para a segunda prova, havia menos matéria do que para a terceira.

É, portanto, razoável que a nota da primeira prova tenha *menos peso* (em outras palavras, pese menos na nota final) do que a segunda; também é razoável que a nota da segunda prova tenha *menos peso* do que a terceira. Imagine que foram então propostos os seguintes pesos:

- Primeira prova: peso p_1.
- Segunda prova: peso p_2.
- Terceira prova: peso p_3.

Para obter a média ponderada das notas de um aluno:

- Multiplique cada nota pelo respectivo peso.
- Some os produtos, ou seja, calcule $\Sigma x_i p_i$.
- Some os pesos.
- Aplique a fórmula:

$$\bar{x} = \frac{\sum xp}{\sum p}$$

Imagine que o aluno obteve as notas 4, 7 e 6. Para obter a média ponderada dessas notas, usando os pesos 1, 2 e 3, faça os cálculos como indicado na Tabela 8.11.

Tabela 8.11 Cálculos intermediários para obter a média ponderada

Nota (x_i)	Peso (p)	Produto (xp)
4	1	4
7	2	14
6	3	18
	$\Sigma p = 6$	$\Sigma xp = 36$

A média ponderada do aluno é

$$\bar{x} = \frac{36}{6} = 6{,}0$$

8.4.2 Média geométrica

> *Média geométrica* é dada pela raiz *n*-ésima do produtório de *n* dados.

A *média geométrica* é difícil de calcular e, talvez devido a essa característica, seja pouco usada. No entanto, é melhor que você conheça a definição, pois pode vir a precisar dela.

Dados *n* valores da variável *X*, isto é,

$$x_1, x_2, ..., x_n$$

a média geométrica é

$$G = \sqrt[n]{\prod x}$$

A letra grega $\prod$ (lê-se pi) é usada como símbolo matemático para indicar que todos os valores observados de *X* devem ser multiplicados. Essa letra é lida, em Matemática, como *produtório*.[3] Então, quando você encontrar a notação $\prod x$, deve ler "produtório de x" e saber que todos os valores de x_i, desde 1 até n, devem ser multiplicados, isto é:

$$\prod x = x_1 \times x_2 \times \ldots x_n$$

A maneira mais correta de indicar que todos os n valores de x devem ser multiplicados é como segue:

$$\prod_{i=1}^{n} x_i$$

que se lê "produtório de x índice i, i variando de 1 a n". Por simplicidade, esse tipo de notação não está sendo usada neste livro.

Como exemplo do cálculo de média geométrica, considere dois números, 2 e 8. A média geométrica desses dois números é a raiz quadrada do produto deles, isto é:

$$G = \sqrt{2 \times 8} = \sqrt{16} = 4$$

Veja outro exemplo. Imagine que você precise calcular a média geométrica dos seguintes dados: 2, 3, 5 e 10. Você já sabe que a média geométrica desses quatro valores é dada por:

$$G = \sqrt[4]{2 \times 3 \times 5 \times 10} = \sqrt[4]{300}$$

Para obter o valor de G, neste exemplo, você pode fazer o produtório e depois elevar o resultado à potência ¼ (uma calculadora faz isso). Então

$$G = (300)^{\frac{1}{4}} = 4,16$$

Você também pode aplicar logaritmo.[4] Como

$$G = \sqrt[4]{2 \times 3 \times 5 \times 10}$$

aplicando logaritmo decimal, vem:

---

[3] É importante notar que o símbolo matemático para produtório é a letra *pi maiúscula* e não a letra *pi minúscula*, π, internacionalmente usada para representar o número irracional 3,1415926...).
[4] Mais fácil é usar um programa de computador. O Excel calcula média geométrica.

$$\log G = \frac{1}{4}\left(\log 2 + \log 3 + \log 5 + \log 10\right)$$
$$= \frac{1}{4}\left(0,30103 + 0,47712 + 0,69897 + 1\right)$$
$$= 0,61928$$

Logo:

$$G = \text{antilog } 0,61928 = 4,16$$

8.4.3 Média harmônica

Média harmônica de *n* dados é o inverso da média aritmética dos inversos desses valores.

Para calcular a média harmônica, aplique a fórmula:

$$H = \frac{1}{\frac{1}{n}\sum \frac{1}{x}}$$

Como exemplo, considere dois números, 2 e 4. Para calcular a média harmônica, aqui indicada por *H*:

- Inverta os números, isto é, escreva:

$$\frac{1}{2} \text{ e } \frac{1}{4}$$

- Determine a média aritmética desses inversos, isto é, calcule:

$$\frac{\frac{1}{2}+\frac{1}{4}}{2} = \frac{\frac{2+1}{4}}{2} = \frac{3}{8}$$

- Inverta a média aritmética para achar a média harmônica:

$$H = \frac{8}{3} = 2,67$$

Portanto, a média harmônica de 2 e 4 é 2,67.

NESTE CAPÍTULO, VOCÊ APRENDEU QUE:

- *Média aritmética* de um conjunto de dados é a soma de todos eles dividida pelo número de dados do conjunto.
- *Média ponderada* é a soma dos produtos dos dados pelos respectivos pesos, dividida pela soma dos pesos.
- *Mediana* é o valor que ocupa a posição central de um conjunto de dados ordenados.
- *Moda* é o valor que ocorre com maior frequência em um conjunto de dados.
- *Média geométrica* é a raiz n-ésima do produtório de n dados.
- *Média harmônica* de n dados é o inverso da média aritmética dos inversos desses valores.

8.5 EXERCÍCIOS

1. São dadas as idades das pessoas que se apresentaram como voluntárias para um estudo do efeito da ingestão de bebida alcoólica sobre a habilidade de dirigir veículos: 20, 25, 18, 32, 21, 27, 19, 18, 23, 21. Calcule a média aritmética da idade dos voluntários. O que você acha?
2. Calcule a duração média das chamadas telefônicas feitas num dia, em uma empresa. Os dados estão na Tabela 8.12.

Tabela 8.12 Duração das chamadas telefônicas feitas num dia, em uma empresa

Duração (em minutos)	Frequência
0 ⊢ 2	100
2 ⊢ 6	50
6 ⊢ 10	30
10 ⊢ 15	20
15 ⊢ 20	5
20 ⊢ 30	5
30 ⊢ 40	1
40 ⊢ 60	1
Total	212

3. Na Tabela 8.13, estão os escores do Teste de Desempenho Escolar (TDE) de 15 participantes de pesquisa, que cursavam a 3ª série do ensino fundamental. Calcule a média e a mediana e compare-as.

Tabela 8.13 Escores do Teste de Desempenho Escolar (TDE) de alunos de 3ª série

95	116	124	109	101
112	114	99	120	110
32	102	117	104	108

4. Na Tabela 8.14, é dado o número de faltas não justificadas por empregado de uma empresa, no mês. Determine a moda.

Tabela 8.14 Número de faltas não justificadas por empregado

Nº de faltas não justificadas	Frequência
0	120
1	13
2	5
3	1
4	0
5	1

5. Na Tabela 8.15, são dadas as notas de cinco alunos em três provas que tinham pesos 2, 3 e 5, respectivamente. Calcule as médias ponderadas.

Tabela 8.15 Notas das três provas

Aluno	1ª prova	2ª prova	3ª prova
Ana	7	6	5
Cláudia	1	2	9
Marcos	5	5	5
Pedro	10	10	0
Sérgio	5	7	3

6. Dados os valores 4 e 9, calcule a média geométrica.
7. Dados os valores 12 e 16, calcule a média harmônica.
8. A Tabela 8.16 apresenta a distribuição da população residente por sexo e segundo grupos de idade, obtida no Censo Demográfico 2000. Determine a média, a classe que contém a mediana e a classe modal, para homens e para mulheres. Faça um gráfico de barras para apresentar as médias. Dica: use os valores 10, 20, 30 etc. como extremos superiores de classe.

Tabela 8.16 População residente por sexo e segundo grupos de idade – Brasil – Censo Demográfico 2000

Grupos de idade	Homens	Mulheres
De 0 a 9 anos	16.729.279	16.188.776
De 10 a 19 anos	17.796.769	17.491.113
De 20 a 29 anos	14.862.546	15.128.634
De 30 a 39 anos	12.319858.	12.970.615
De 40 a 49 anos	9.332.857	9.935.378
De 50 a5 9 anos	6.000.922	6.506.394
De 60 a 69 anos	3.792.534	4.389.501
De 70 a 79 anos	2.009.900	2.511.989
De 80 a 89 anos	636.589	934.316
De 90 a 99 anos	84.338	152.286
100 anos e mais	10.423	14.153
Total	83.576.015	86.223.155

9. A Tabela 8.17 apresenta a distribuição da população residente por sexo e segundo grupos de idade, obtida no Censo Demográfico 2010. Determine a média, a classe que contém a mediana e a classe modal, para homens e para mulheres. Compare com os resultados obtidos no Censo Demográfico 2000.

Tabela 8.17 População residente por sexo e segundo grupos de idade – Brasil – Censo Demográfico 2010

Grupos de idade	Homens	Mulheres
De 0 a 9 anos	14.641.131	14.124.402
De 10 a 19 anos	17.284.281	16.873.352
De 20 a 29 anos	17.091.224	17.258.382
De 30 a 39 anos	14.484.322	15.148.769
De 40 a 49 anos	12.012.582	12.830.134
De 50 a5 9 anos	8.737.339	9.679.284
De 60 a 69 anos	5.265.100	6.084.830
De 70 a 79 anos	2.757.889	3.547.194
De 80 a 89 anos	979.382	1.507.073
De 90 a 99 anos	146.493	278.400
100 anos e mais	7.247	16.989
Total	93.406.990	97.348.809

10. Quatro conjuntos, A, B, C, e D, de quatro números cada um, começam com o número 12 e os números estão em ordem crescente. Qual deles tem média igual a 16?

A	B	C	D
12	12	12	12
12	15	14	16
16	18	16	20
18	21	22	24

11. Qual das seguintes medidas pode ter mais de um valor para um mesmo conjunto de dados?

    a) Média.

    b) Mediana.

    c) Moda.

    d) Nenhuma delas.

As respostas dos exercícios estão disponíveis no final do livro.

9

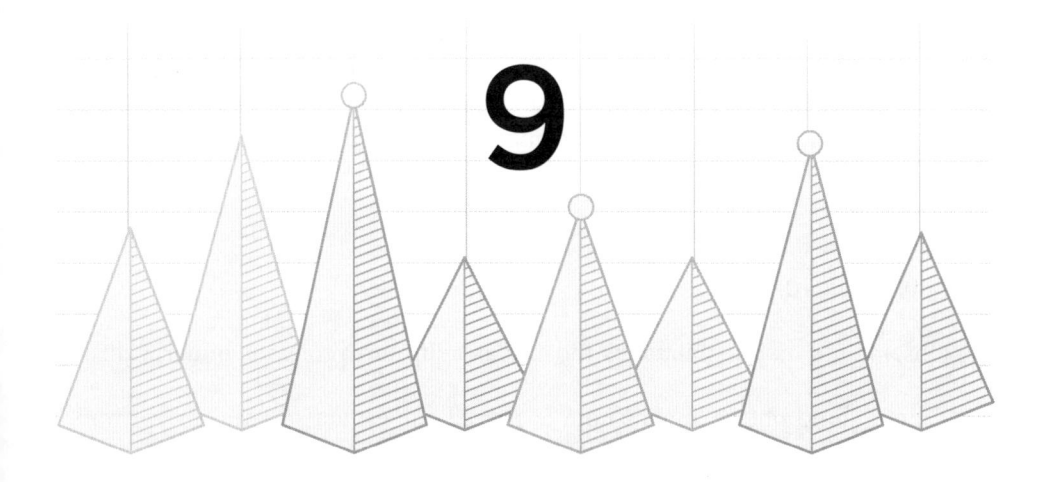

MEDIDAS DE VARIABILIDADE

> Depois de ler este capítulo, você será capaz de:
>
> 1. Saber o significado de desvio-padrão e variância.
> 2. Saber o significado de quartis, decis, percentis.
> 3. Saber calcular ou, pelo menos, ter conhecimento sobre os procedimentos para calcular desvio-padrão.
> 4. Saber calcular ou, pelo menos, ter conhecimento sobre como se faz o cálculo de quartis.

Neste capítulo, são definidas as medidas de variabilidade e apresentados os procedimentos de cálculo. Os exercícios numéricos podem ser realizados usando lápis e papel e, algumas vezes, uma calculadora. É recomendável fazer alguns cálculos a mão, antes de buscar um programa de computador, para entender o conceito.

9.1 VARIABILIDADE

No Capítulo 8 você aprendeu que, para resumir a informação contida em um conjunto de dados, é usual fornecer um valor em torno do qual os dados se distribuem. Neste Capítulo, veremos que é preciso calcular, também, um valor que mostre a *variabilidade* dos dados.

Um exemplo ajuda a entender a necessidade de *medir variabilidade*. Imagine que em determinada disciplina foram feitas quatro provas e um aluno foi aprovado com média 5. Há várias maneiras de se chegar à média 5. O aluno poderia ter obtido qualquer uma das seguintes combinações (ou outras) de notas:

a) 5; 5; 5; 5.
b) 10; 6; 4; 0.
c) 0; 0; 10; 10.

Observando as possibilidades mostradas aqui, um professor poderia dizer:

- Se o aluno obteve apenas nota 5, parece que estuda só para ser aprovado.
- Se o aluno obteve notas 10; 6; 4; 0, mostra que pode ter excelente desempenho, mas, aparentemente, abandonou os estudos.
- É estranho um aluno ter notas 0; 0; 10; 10. É razoável ter uma conversa com ele.

O conhecimento sobre a variabilidade dos dados complementa a informação dada pela média. Quaisquer que tenham sido as notas – com média 5 –, o aluno foi aprovado. No entanto, é a variabilidade das notas que ajuda o professor a formar uma opinião sobre o comportamento do aluno.

Neste capítulo, serão descritas medidas de dispersão: amplitude, variância, desvio-padrão e algumas estatísticas de ordem.

9.2 AMPLITUDE

> *Amplitude* é a diferença entre o valor máximo e o valor mínimo de um conjunto de dados.

A *amplitude* é a medida de dispersão mais fácil de ser calculada e – por conta disso – mais utilizada. Representaremos amplitude por R. Veja um exemplo.

Imagine que 10 alunos fizeram uma prova com 50 questões. Os números de respostas corretas, por aluno, foram:

$$31; 27; 42; 35; 47; 28; 7; 45; 15; 20.$$

A média é:

$$\bar{x} = \frac{31+27+42+35+47+28+7+45+15+20}{20} = 29,7$$

O número máximo de respostas corretas foi 40 e o número mínimo foi 7. A amplitude é

$$R = 47 - 7 = 40.$$

A média e a amplitude fornecem "visão" da distribuição dos dados. Se um aluno que fez a prova observar o Gráfico 9.1 sabendo seu número de acertos, facilmente identificará sua posição no grupo: acima da média, no topo da lista, no fim da fila etc.

Gráfico 9.1 Média e amplitude

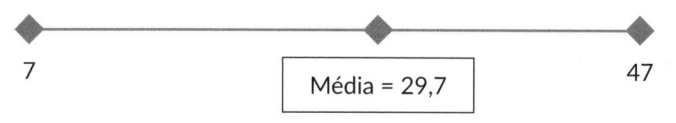

7   Média = 29,7   47

Não basta, porém, calcular a amplitude para bem descrever a variabilidade de um conjunto de dados. No cálculo da amplitude, são usados apenas os *valores extremos* (máximo e mínimo). Como os demais dados não são considerados, a amplitude pode dar ideia errada sobre a variabilidade.

Para entender isso, imagine um grupo de pessoas com idades:

4; 3; 4; 3; 4; 3; 21.

Você rapidamente calcula a média e a amplitude como segue:

$$\bar{x} = \frac{4+3+4+3+4+3+21}{7} = 6$$
$$R = 21 - 3 = 18$$

Olhando apenas a média (6 anos) e a amplitude (18 anos), qualquer pessoa diria que os dados são muito variáveis. Contudo, veja o Gráfico 9.2 que apresenta os valores observados sobre um eixo. Os pontos estão concentrados em dois valores, 3 e 4, e há apenas um valor, 21, muito distante deles. Esse valor os estatísticos chamam de *discrepante*.

Gráfico 9.2 Distribuição das idades sobre um eixo

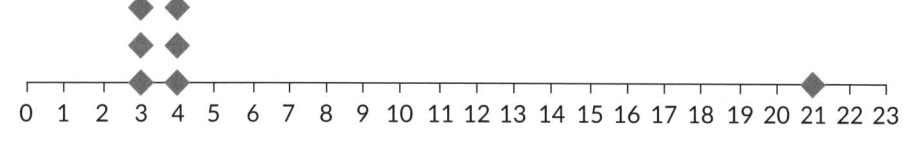

Idade (anos)

O valor discrepante "puxa" a média para cima e torna a amplitude muito grande. No caso do exemplo, uma explicação para o dado discrepante poderia ser, por exemplo, que, para estudar as idades dos alunos de uma pré-escola, alguém coletou a idade da professora também – o que estaria, evidentemente, errado.

De qualquer modo, a probabilidade de ocorrer um valor discrepante é alta nas amostras muito grandes. Então, não calcule amplitude se a amostra for maior do que 25. Essa é uma regra prática, usada em estatística para qualidade.[1]

Essa regra tem fundamento: um só *valor discrepante* – muito alto, ou muito baixo – tem *pouco efeito sobre a média*, mas tem *grande influência sobre a amplitude* (para calcular a amplitude usam-se apenas o máximo e o mínimo).

9.3 VARIÂNCIA

Considere que você precisa medir a *variabilidade* dos dados, mas a amplitude não se revelou confiável. Observe os dados e perceba se eles se distribuem em torno da média. Parece justo medir a variabilidade dos dados em torno da média. Mas como isso pode ser feito? Comece calculando os desvios em relação à média.

> *Desvio em relação à média* é a diferença entre cada valor observado e a média do conjunto de dados.

Um exemplo ajuda a entender essa definição: se um jogador de basquete tiver estatura $x = 1,92$ m e a média de estatura dos jogadores de seu time for $\bar{x} = 1,82$ m, o desvio da estatura desse jogador em relação à média do time é:

$$x - \bar{x} = 1,92 - 1,82 = 0,10 \text{ m}$$

Os desvios em relação à média medem a variabilidade dos dados. Quanto maiores os desvios, maior é a variabilidade dos dados. No entanto, para julgar o grau de variabilidade de todo o conjunto, é preciso uma só medida.

Não podemos usar a média dos desvios como medida de dispersão porque a *soma dos desvios* é, necessariamente, igual a zero. Veja um exemplo.

Lembre-se do time de basquete. Se os jogadores tiverem estaturas 1,92; 1,72; 1,82; 1,80; 1,84, a média será:

$$\bar{x} = \frac{1,92 + 1,72 + 1,82 + 1,80 + 1,84}{5} = 1,82 \text{ m}$$

Os desvios em relação à média são:

---

[1] Veja Vieira (2016).

$$x_1 - \bar{x} = 1{,}92 - 1{,}82 = +0{,}10$$
$$x_2 - \bar{x} = 1{,}72 - 1{,}82 = -0{,}10$$
$$x_3 - \bar{x} = 1{,}82 - 1{,}82 = 0$$
$$x_4 - \bar{x} = 1{,}80 - 1{,}82 = -0{,}02$$
$$x_5 - \bar{x} = 1{,}84 - 1{,}82 = +0{,}02$$

Verifique: a soma dos desvios é igual a zero:

$$\sum (x_i - \bar{x}) = 0{,}10 - 0{,}10 + 0{,}0 - 0{,}02 + 0{,}02 = 0{,}0$$

Isso não ocorre apenas em alguns exemplos, mas *sempre*. A soma dos desvios é igual a zero porque valores com sinal positivo anulam valores com sinal negativo. Então os desvios em torno da média têm *soma igual a zero*.

Para evitar os sinais negativos, elevamos todos os desvios ao quadrado e usamos, como medida da variabilidade, a *soma dos quadrados dos desvios*.

A Tabela 9.1 mostra o procedimento para obter a *soma de quadrados de desvios*:

- Ache os desvios.
- Verifique que a soma deles é zero (é só uma prova).
- Calcule o quadrado de cada desvio.
- Some.

Tabela 9.1 Número do jogador, estatura, desvio em relação à média, quadrado do desvio

Nº do jogador	x (m)	$(x - \bar{x})$ (m)	$(x - \bar{x})^2$ (m²)
1	1,92	0,10	0,0100
2	1,72	–0,10	0,0100
3	1,82	0,00	0,0000
4	1,80	–0,02	0,0004
5	1,84	0,02	0,0004
Total		0,00	0,0208

Para medir a variabilidade dos dados em torno da média você calcula a variância.

> *Variância da amostra* é a soma dos quadrados dos desvios dividida por *n*–1. Indica-se por s^2.
>
> $$s^2 = \frac{\sum(x-\bar{x})^2}{n-1}$$

O valor *n*–1 é chamado *graus de liberdade da amostra*. Calculadoras e computadores fornecem a variância. Entretanto, verifique sempre se você obteve a variância da amostra,[2] que é dada pela soma de quadrados dos desvios dividida por *n* –1.

Para entender como se calcula a variância, reveja a Tabela 9.1 em que estão as estaturas (*x*) dos jogadores de um time de basquete, em metros, os desvios em relação à média $x - \bar{x}$, e os quadrados dos desvios em relação à média, $(x - \bar{x})^2$. Na última linha da tabela, estão a soma dos desvios e soma dos quadrados dos desvios. Para obter a variância, basta calcular:

$$s^2 = \frac{0,0208}{5-1} = 0,0052$$

Importante é saber que *variância mede variabilidade*. Lembre-se das notas citadas no início deste Capítulo, do aluno que foi aprovado com nota 5. Se ele fez quatro provas e obteve notas

$$5;\ 5;\ 5;\ 5$$

as *notas não variaram*. A variância é zero. Se o aluno obteve

$$10;\ 6;\ 4;\ 0$$

a *variabilidade é grande*. A variância é 17,33. Agora, se o aluno obteve

$$0;\ 0;\ 10;\ 10$$

a *variabilidade das notas é ainda maior*: 33,33.

---

[2] Se os dados são de toda a população, calcule a variância dividindo a soma dos quadrados dos desvios pelo tamanho da população, isto é, por *N*. A variância da população é representada por σ^2 (letra grega de nome sigma elevada à segunda potência. Lê-se sigma ao quadrado).

9.4 DESVIO-PADRÃO

A unidade e a magnitude da variância não correspondem à unidade e à magnitude dos dados. Para entender essa ideia, imagine que um professor registrou o tempo em que três alunos fizeram uma prova: o primeiro fez a prova em 40 minutos, o segundo em 45 e o terceiro em 50. Você já sabe calcular a média e a variância:

$$\bar{x} = \frac{40+45+50}{3} = 45 \text{ min}$$

$$s^2 = \frac{(40-45)^2 + (45-45)^2 + (50-45)^2}{3-1} = \frac{50}{2} = 25 \text{ min}^2$$

Esses resultados permitem afirmar que os alunos demoraram, em média, 45 minutos para fazer a prova, com variância de 25 *minutos ao quadrado*. Ora, "minutos ao quadrado" não têm qualquer sentido prático, mas essa unidade apareceu porque elevamos os desvios ao quadrado.

Não é, porém, difícil retornar à unidade original (minuto): é só calcular a raiz quadrada da variância. Você obtém o desvio-padrão, uma medida de variabilidade com a mesma unidade de medida dos dados.

> *Desvio-padrão* é a raiz quadrada com sinal positivo da variância. O desvio-padrão de uma amostra[3] é representado por *s*.

No exemplo, os alunos demoraram, em média, 45 minutos para fazer a prova. O desvio-padrão é

$$s = \sqrt{25} = 5 \text{ min}$$

Os tempos variaram, mas, tipicamente, a diferença em relação à média foi de 5 minutos.

9.4.1 Uma regra prática para interpretar o desvio-padrão

Não é fácil entender desvio-padrão ou, pelo menos, não é *tão* fácil como foi compreender amplitude. Quando você calcula a amplitude, logo percebe a extensão em que os dados variam. Mas como você pode interpretar o desvio-padrão?

---

[3] O desvio-padrão da população é representado por σ (letra grega, sigma).

Se a amostra for grande e os dados tiverem distribuição simétrica e em forma de sino[4] como mostra o Gráfico 9.3, valem algumas considerações. Primeiramente, a curva em forma de sino é muito conhecida: chama-se curva de Gauss ou, como foi denominada pelos estatísticos, *distribuição normal*. É uma distribuição teórica, que seria a distribuição dos dados de *toda a população*. Quando nos referimos à população toda, indicamos a média por μ e o desvio-padrão por σ.

Gráfico 9.3 Distribuição normal

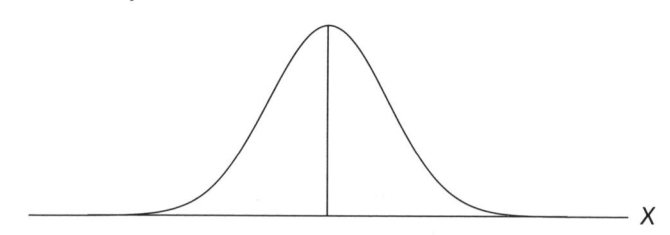

Na distribuição normal, que é teórica, a média fica no centro e

- 68,25% das observações ficam dentro do intervalo $\mu \pm \sigma$.
- 95% das observações ficam dentro do intervalo $\mu \pm 2\sigma$.

Quando a população é muito grande –, como, por exemplo, os universitários do Brasil ou as crianças que precisam de creches no Estado do Rio de Janeiro –, nem sempre é possível conhecer todas as unidades. Trabalhamos com amostras. Então, não conhecemos a média μ e o desvio-padrão σ da população. Temos apenas a média e o desvio-padrão s de amostras. No entanto, se nossa amostra for grande e a distribuição for razoavelmente simétrica, vale a seguinte regra prática:

- Perto de 68% (praticamente 2/3) das observações ficam dentro do intervalo compreendido por

$$\bar{x} \pm s$$

- Perto de 95,44% das observações ficam dentro do intervalo

$$\bar{x} \pm 2s$$

Veja como isso funciona, mesmo para populações menores. Imagine que um professor mediu o tempo que seus alunos demoraram a fazer a prova de Matemática do ENEM do ano anterior. O professor considera desejável que, nessa

---

[4] Veja, sobre o assunto, Vieira (2016).

prova, seus alunos despendam cerca de uma hora, uma vez que no ENEM há questões de outras matérias para responder. Os resultados estão apresentados na Tabela 9.2.

Tabela 9.2 Tempo, em minutos, que os alunos demoraram a fazer a prova de Matemática

50	47	60	83	34	68	78	96
29	52	61	69	38	83	79	101
89	55	61	69	81	84	80	86
92	70	63	56	94	102	46	111
45	63	72	60	94	87	82	107
89	75	66	76	55	75	76	78

O professor desenhou então o histograma apresentado no Gráfico 9.4. Parece razoável considerar que a distribuição dos dados é aproximadamente simétrica e em forma de sino. O professor pode, então, utilizar a regra prática para fazer *inferência* como segue: admite que a distribuição dos dados seja aproximadamente normal e, usando a regra prática, diz que perto de 68% (pouco mais de ⅔ dos dados) ficam dentro do intervalo $\bar{x} \pm s$.

Gráfico 9.4 Tempo, em minutos, que os alunos demoraram a fazer uma prova de Matemática.

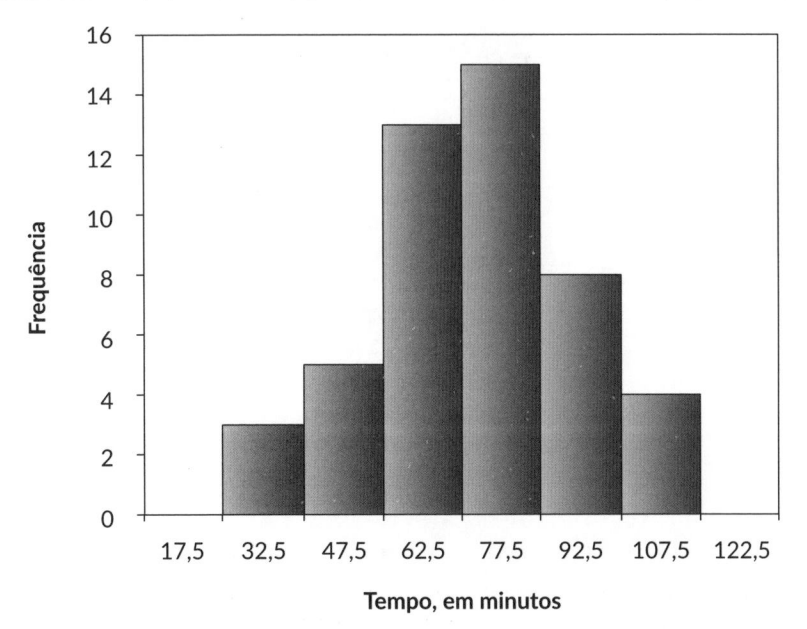

Verifique, então, que a média dessa amostra é 72,2 minutos, ou seja, 1h12min12s, e o desvio-padrão é 19,1 minutos, ou seja, 19min6s. O professor pode concluir então que, *nas mesmas condições de seus alunos*, espera-se que 68% dos alunos demorem entre 71,3 ± 19,1 minutos para fazer a prova, ou seja, entre

72,2 − 19,1 = 50,2 minutos e
72,2 + 19,1 = 92,5 minutos.

9.4.2 Uma fórmula mais fácil

Existe uma fórmula mais fácil para calcular a variância – se você estiver fazendo os cálculos usando apenas lápis e papel.[5] Veja:

$$s^2 = \frac{\sum x^2 - \frac{(\sum x)^2}{n}}{n-1}$$

Hoje não se calculam estatísticas sem equipamento, mas, apenas para conferir, foi feito o cálculo da variância dos valores 1; 2; 3; 4, usando as duas fórmulas. Veja a Tabela 9.3 e a Tabela 9.4; refaça os cálculos, como exercício. Isso ajudará você a entender o que é desvio-padrão.

Tabela 9.3 Cálculo da variância usando a fórmula dada na definição

x	x − x̄	(x − x̄)²
1	−1,5	2,25
2	−0,5	0,25
3	0,5	0,25
4	1,5	2,25
10	0,0	5,00

$$s^2 = \frac{5,00}{4-1} = 1,67$$

---

[5] Essa fórmula está sendo apresentada aqui porque aparece em muitos livros-textos. Todavia, para calcular variância, use uma calculadora ou computador.

Tabela 9.4 Cálculo da variância usando a fórmula simplificada

x	x^2
1	1
2	4
3	9
4	16
10	30

$$s^2 = \frac{30 - \frac{10^2}{4}}{4-1} = 1,67$$

9.5 ESTATÍSTICAS DE ORDEM

A média e o desvio-padrão são bastante conhecidos e muito usados. Não há como estudar Estatística sem aprendê-los. No entanto, essas medidas não são as únicas que podem ser utilizadas para obter informação sobre um conjunto de dados. Também podem ser adotadas as medidas de posição relativa, mais conhecidas como *estatísticas de ordem*. Dessas medidas você já viu a mediana, que dá informação sobre a posição de uma observação na amostra. Agora você vai ver o que são quartis, decis e percentis.

9.5.1 Quartis

Lembre-se de que a mediana descrita na Seção 8.2 (Capítulo 8) divide um conjunto de dados ordenados em duas partes iguais, pois é precedida e seguida por igual número de dados. Os *quartis* usam a mesma lógica.

> *Quartis* são pontos que dividem um conjunto de dados em quatro partes iguais (quatro quartos).

Vamos usar os dados da Tabela 9.5 para mostrar como são obtidos os quartis:

- Coloque os dados em ordem crescente.
- Divida o conjunto em quatro subconjuntos, todos com igual número de dados.

Tabela 9.5 Notas de 20 alunos

7,5	2,5	6,5	6,0
5,5	9,0	3,0	4,5
7,5	9,0	7,5	7,0
9,0	7,5	4,5	9,5
8,0	5,5	9,0	3,0

Observe novamente a Tabela 9.6: os dados estão em ordem crescente. São *20* notas, então divida o conjunto em *quatro subconjuntos com cinco notas* cada um.

Tabela 9.6 Notas dos 20 alunos em ordem crescente

2,5	5,5	7,5	9,0
3,0	5,5	7,5	9,0
3,0	6,0	7,5	9,0
4,5	6,5	7,5	9,0
4,5	7,0	8,0	9,5

Tome as notas que separam o primeiro subconjunto de cinco notas (primeira coluna) e o segundo subconjunto (segunda coluna). Calcule:

$$Q_1 = \frac{4,5+5,5}{2} = 5,0$$

Este é o primeiro quartil, aqui representado por Q_1.

Primeiro quartil é o valor que tem 25% dos dados iguais ou menores do que ele.

O segundo quartil é a mediana, dada pela média aritmética das notas que ocupam a posição central dos dados ordenados. No exemplo são 7,0 e 7,5. Logo:

$$Q_2 = \frac{7,0+7,5}{2} = 7,25$$

O terceiro quartil é:

$$Q_3 = \frac{8,0+9,0}{2} = 8,5$$

Terceiro quartil é o valor que tem 75% dos dados iguais ou menores do que ele.

Os quartis são separatrizes[6] (medianas são separatrizes), como mostra o Gráfico 9.5, porque separam os dados de um conjunto em subconjuntos.

Gráfico 9.5 Distribuição das notas e seus quartis sobre um eixo.

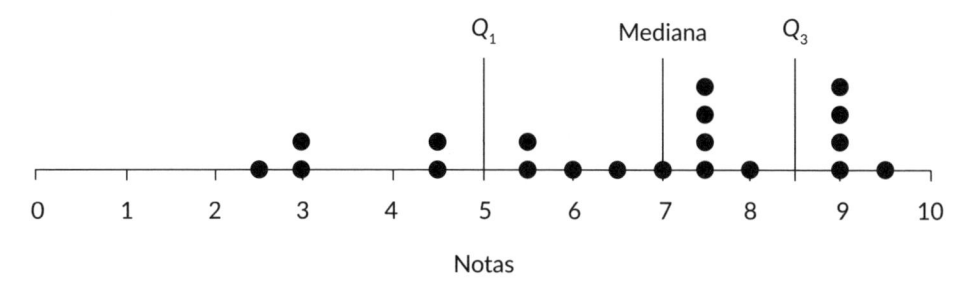

9.5.2 Decis e percentis

Decis dividem o conjunto de dados em dez partes iguais.

Para obter os decis, você precisa organizar os dados em ordem crescente e depois dividir o conjunto em dez subconjuntos com igual número de elementos. Decis são os valores que separam esses subconjuntos.

Percentis dividem o conjunto de dados em cem partes iguais.

Para obter os percentis, você organiza os dados em ordem crescente e depois divide o conjunto em cem subconjuntos, com igual número de elementos. Percentis são os valores que separam esses subconjuntos.

Os decis e percentis são as separatrizes. Evidentemente, só tem sentido calcular decis e percentis quando o conjunto é formado por grande número de dados.

9.6 DIAGRAMA DE CAIXA

O Capítulo 5 mostrou o histograma, o polígono de frequências, o diagrama de linhas e o diagrama de pontos, que são gráficos usados para apresentar dados

---

[6] Os métodos usados para calcular os quartis têm pequenas diferenças. Se você calcular os quartis para esse exemplo, usando o Excel, encontrará:

1º quartil = 5,25; mediana = 7,25; 3º quartil = 8,25.

quantitativos. Entretanto, existe uma forma de apresentar as estatísticas obtidas – e não os dados, propriamente. É o diagrama de caixa,[7] mais conhecido como *boxplot*.

O *diagrama de caixa* resume a informação contida nos dados apresentando a mediana, os quartis e os valores extremos (máximo e mínimo).[8] Veja como isso é feito.

Lembre-se de que os quartis dividem o conjunto de dados em quatro partes, de tal forma que 25% dos dados são iguais ou menores do que o primeiro quartil e 25% dos dados são iguais ou maiores do que o terceiro quartil. Logo, 50% dos dados estão entre esses dois quartis.

> *Distância interquartílica* é a distância entre o primeiro e o terceiro quartil, que abrange 50% dos dados observados.

Para fazer o diagrama de caixa:

- Desenhe um retângulo (caixa, ou *box*) com comprimento igual à distância interquartílica.
- Trace uma linha para representar a mediana, na posição (medida pela distância) que ela ocupa entre o primeiro e o terceiro quartil.
- Trace linhas perpendiculares à mediana, saindo do meio do retângulo: a linha à esquerda terá comprimento igual à distância entre o primeiro quartil e o valor mínimo; a linha à direita, comprimento igual à distância entre o terceiro quartil e o valor máximo.

Veja o diagrama de caixa apresentado no Gráfico 9.6, feito com os dados da Tabela 9.5.

Gráfico 9.6 Diagrama de caixa para as notas dos alunos

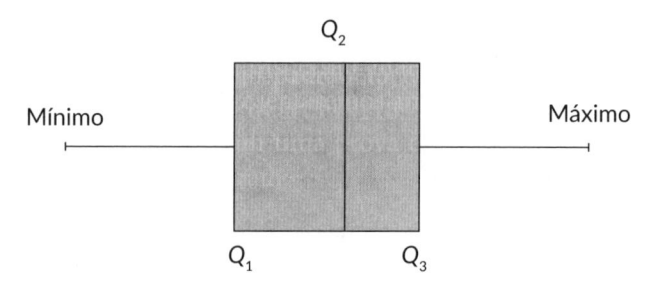

---

[7] Existem outros pormenores que podem ser adicionados ao diagrama de caixa, mas não serão dados aqui. O diagrama de caixa também pode ser feito com a média e o desvio-padrão.
[8] O diagrama de caixa foi proposto para apresentar estatísticas de ordem (mediana e quartis), mas hoje também é usado para apresentar médias e desvios-padrão.

NESTE CAPÍTULO, VOCÊ APRENDEU QUE:

- *Amplitude* é diferença entre o valor máximo e o valor mínimo de um conjunto de dados.
- *Desvio em relação à média* é a diferença entre cada valor observado e a média do conjunto de dados.
- *Variância da amostra* é a soma dos quadrados dos desvios dividida por $n-1$ (este valor é chamado graus de liberdade da amostra).
- *Desvio-padrão* é a raiz quadrada com sinal positivo da variância.
- *Quartis* são pontos que dividem um conjunto de dados em quatro partes iguais (quatro quartos).
- *Primeiro quartil* é o valor que tem 25% dos dados iguais ou menores do que ele.
- *Terceiro quartil* é o valor que tem 75% dos dados iguais ou menores do que ele.
- *Decis* dividem o conjunto de dados em dez partes iguais.
- *Percentis* dividem o conjunto de dados em cem partes iguais.
- *Diagrama de caixa* é o gráfico que resume a informação contida nos dados apresentando a mediana, os quartis, o máximo e o mínimo.
- *Distância interquartílica* é a distância entre o primeiro e o terceiro quartil, que abrange 50% dos dados observados.

9.7 EXERCÍCIOS

1. São dadas as idades das pessoas que se apresentaram como voluntárias para um estudo do efeito da ingestão de bebida alcoólica sobre a habilidade de dirigir veículos: 20, 25, 18, 32, 21, 27, 19, 18, 23, 21. Calcule a amplitude da idade dos voluntários.
2. Use os dados de idade apresentados no exercício 1 para calcular os desvios em relação à média. Verifique que a soma é zero.
3. Calcule a variância dos dados apresentados no exercício 1.
4. Calcule o desvio-padrão dos dados apresentados no exercício 1.
5. Reveja os dados apresentados na Tabela 9.2. Calcule o primeiro quartil, a mediana e o terceiro quartil.
6. Quando se joga um dado, podem ser obtidos os resultados: 1; 2; 3; 4; 5; 6. Calcule a média e depois os desvios em relação à média. Verifique que a soma é zero.
7. Dados os valores 8; 0; 5; 7, calcule a variância.

8. Calcule o desvio-padrão para os seguintes conjuntos de dados:
   a) 10; 10; 0; 0; 5.
   b) 4; 4; 4; 6; 8.
   c) 0; 2; 3; 4; 6.
9. Calcule a média e o desvio-padrão dos dados apresentados em seguida. Depois calcule a mediana e os quartis.

Tabela 9.7 Escores obtidos por 50 alunos em um Teste de Desempenho Escolar (TDE)

118	98	118	119	95	75	109	122	109	
99	123	121	112	108	102	101	115	107	
113	111	109	83	119	118	97	108	120	
122	119	84	104	101	103	71	55	100	
115	123	107	107	110	127	112	102	70	

10. O Instituto Nacional de Estudos e Pesquisas Educacionais Anísio Teixeira (INEP) divulgou as notas médias das provas dos 6.193.565 candidatos que fizeram o Exame Nacional do Ensino Médio (ENEM) 2014.[9] As médias dos inscritos foram de 546,5 nas provas de ciências humanas; 482,2 em ciências da natureza; 507,9 em linguagens e códigos; e 473,5 em matemática. Também foram anunciadas as notas máximas e mínimas nas áreas avaliadas pelo ENEM:
    - Ciências humanas: mínima de 324,8 pontos e máxima de 862,1.
    - Ciências da natureza: mínima de 330,6 pontos e máxima de 876,4.
    - Linguagens e códigos: mínima de 306,2 pontos e máxima de 814,2.
    - Matemática: mínima de 318,5 e máxima 973,6.

    Apresente essas informações em gráfico.

As respostas dos exercícios estão disponíveis no final do livro.

---

[9] Disponível em: <http://educacao.uol.com.br/noticias/2015/01/13/529-mil-candidatos--tiraram-zero-na-redacao-do-enem-2014.htm>. Acesso em: 4 out. 2016.

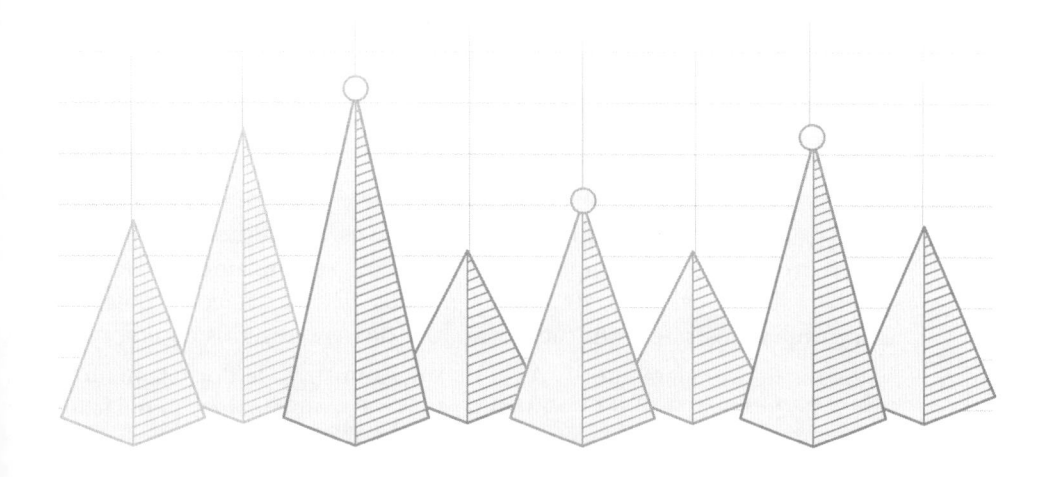

RESPOSTAS DOS EXERCÍCIOS

1. INTRODUÇÃO À ESTATÍSTICA

1. Idade, renda familiar, tempo disponível para estudo são variáveis quantitativas. Sexo, religião, cor e atividades recreativas de interesse são variáveis qualitativas.
2. Sexo, religião, cor ou raça e atividades recreativas de interesse são variáveis nominais. Idade, renda familiar, tempo disponível para estudo são variáveis contínuas.
3. Variáveis nominais: nacionalidade, partido político que apoia. Variáveis ordinais: *status* social, posição hierárquica no exército.
4. Variáveis discretas: número de pessoas em uma sala, número de laranjas em uma caixa. Variáveis contínuas: estatura, valor dos bens que possui.
5. Variáveis: sexo, idade, peso, altura. Constante: todos são alunos do curso fundamental.

2. QUESTÕES DE AMOSTRAGEM

1. Colocam-se fichas com as letras A, B, C, D, E e F em uma urna. Mistura-se bem. Depois, uma pessoa vendada retira ao acaso três fichas da urna.
2. Sim. É provável que apenas os bons corredores se apresentem como voluntários.

3. Pede-se uma amostra de 10 unidades de 100, ou seja, 10%. Todas as unidades devem ser numeradas. Depois, sorteia-se um número entre 1 e 10 (porque as 10 primeiras unidades são 10% do total de 100 unidades); a unidade com o número sorteado pertencerá à amostra. A partir dessa primeira unidade, tome sempre a décima. Por exemplo, se foi sorteado o número 7, tome para a amostra as unidades de números: 7; 17; 27;...; 97.

4. Identificam-se os empregados de escritório, os empregados de oficina e os representantes da empresa por números, separadamente. Depois, sorteiam-se, por exemplo, 10% dos elementos de cada categoria, obtendo assim uma amostra estratificada com 10% dos empregados da empresa.

5. Amostras de um elemento: 1. A; 2. B; 3. C: amostras de dois elementos: 1. A e B; 2. A e C 3. B e C. Note que A, B e C constituem a população, logo não pode ser uma amostra.

6. A) População de interesse: o ar de todos os aviões que fazem voo doméstico. B) A unidade é um avião. C) Qualidade do ar. D) 175 aviões.

7. Amostra estratificada.

8. Amostra de conveniência.

9. A) A população é de todos os atuais portadores de CNH. B) Não. C) Amostra de conveniência. D) É possível que a proporção assim obtida superestime a proporção verdadeira, uma vez que os jovens são mais propensos a usar cinto de segurança do que os que aprenderam a dirigir quando cintos de segurança não eram obrigatórios.

10. (a) O(A) senhor(a) acha que o Estado deve fornecer transporte coletivo gratuito para os velhinhos e as velhinhas que precisam usar ônibus? (b) O(A) senhor(a) acha que o dinheiro dos impostos deve ser gasto em subsídios para que as pessoas idosas tenham o privilégio de andar de ônibus de graça?

3. ORGANIZAÇÃO DE DADOS

1.

Tabela R.1 Distribuição dos alunos segundo o ramo de conhecimentos que prefere estudar

Preferência	Frequência
Artes e Música	5
Línguas e Literatura	6
Ciências Físicas e Naturais	7
Ciências Exatas	4
Total	22

2.

Tabela R.2 Consumidores de determinada marca de cerveja segundo suas opiniões em relação à marca concorrente

Escore	Número	%
1	7	17,5%
2	9	22,5%
3	10	25,0%
4	9	22,5%
5	5	12,5%
Total	40	100,0%

3. (a) 16; (b) 5; (c) 9.
4. (a) A distribuição é dada em seguida; (b) 49,15%; (c) 26.

Tabela R.3 Distribuição de recém-nascidos vivos segundo o peso, em quilogramas

Classe	Frequência	Frequência relativa	Frequência acumulada	Frequência relativa acumulada
0,50 ⊢ 1,00	1	0,001	1	0,0012
1,00 ⊢ 1,50	3	0,004	4	0,0049
1,50 ⊢ 2,00	22	0,027	26	0,0316
2,00 ⊢ 2,50	115	0,140	141	0,1715
2,50 ⊢ 3,00	263	0,320	404	0,4915
3,00 ⊢ 3,50	287	0,349	691	0,8406
3,50 ⊢ 4,00	99	0,120	790	0,9611
4,00 ⊢ 4,50	32	0,039	822	1,0000
Total	822	1,000		

5.
Tabela R.4 Distribuição das notas de matemática, obtidas por alunos do 3º grau

Nota	Nº	%
0	9	22,5%
5	4	10,0%
7	17	42,5%
9	8	20,0%
10	2	5,0%
Total	40	100,0%

6. As classes poderiam ser, por exemplo: 0; 1; 2; 3; 4; 5; 6; 7 ou 8; 9 ou 10; mais de 10 filhos. No entanto, dependendo de onde o levantamento de dados está sendo feito, seria mais razoável adotar as classes 0; 1; 2; 3 ou 4; 5 ou mais.

7.
Tabela R.5 Empregados da empresa segundo o número de dias que chegaram com atraso ao trabalho

Nº de dias com atraso	Frequência	Percentual
0	32	51,6%
1 ou 2	19	30,6%
3 ou 4	7	11,3%
5 ou mais	4	6,5%
Total	62	100,0%

8. a)
Tabela R.6 Alunos da 4ª série do ensino fundamental segundo os escores brutos totais (EBT) obtidos no Teste de Desempenho Escolar

Classe	Frequência
83	2
93	3
103	6
113	8
123	2
Total	21

b)
Tabela R.7 Alunos da 4ª série do ensino fundamental segundo a classificação obtida no Teste de Desempenho Escolar

Escore bruto	Classificação	Frequência
Menor que 86	Inferior	2
De 86 a 105	Médio	4
106 e mais	Superior	15
Total		**21**

9.
Tabela R.8 Doadores de sangue segundo o tipo de sangue

Tipo de sangue	Frequência	Frequência relativa
O	15	0,375
A	16	0,400
B	6	0,150
AB	3	0,075
Total	**40**	**1,000**

4. CONSTRUÇÃO DE TABELAS

1.
Tabela R.9 Altura e peso de meninos, segundo a idade

Idade (anos)	Altura (cm)	Peso (kg)
3	94	14,4
4	100	16,0
5	107	18,0
6	113	19,9
7	118	21,6
8	124	24,1
9	129	26,5
10	133	29,0

2.
Tabela R.10 Médias de pesos ao nascer segundo a idade gestacional São Paulo – 2010

Idade gestacional (semanas)	Peso ao nascer (em gramas)
De 22 até 27 semanas	750
De 28 até 31 semanas	1.350
De 32 até 37 semanas	2.425
De 38 até 41 semanas	3.205
Mais de 41 semanas	3.385

3.
Tabela R. 11 Distribuição porcentual dos portadores de deficiência física, por tipo de deficiência – Censo Demográfico 2010

Tipo de deficiência	Porcentagem
Visual	18,8%
Motora	5,10%
Auditiva	7,00%
Mental	1,40%

Fonte: Cartilha do Censo 2010[1]: Pessoas com deficiência.

4.
Tabela R.12 Domicílios recenseados – Censo Demográfico 2010

Domicílios	Frequência	Porcentual
Entrevistados	56.500.000	82,48
Fechados	899.000	1,31
Vagos	6.100.000	8,91
Uso ocasional	3.900.000	5,69
Coletivos	1.100.000	1,61
Total	**68.499.000**	**100,00**

Fonte: IBGE – Censo Demográfico 2010.[1]

---

[1] Disponível em: <http://www.ibge.gov.br/home/estatistica/populacao/censo2010>. Acesso em: 7 jun. 2016.

5.
Tabela R.13 Taxa de fecundidade Brasil – 1940/2010

Ano	Taxa de fecundidade
1940	6,16
1950	6,21
1960	6,28
1970	5,76
1980	4,35
1991	2,89
2000	2,38
2010	1,90

Fonte: IBGE – Censo Demográfico 2010.[2]

6. A diminuição da taxa de fecundidade está atrelada a diversos fatores como a inserção da mulher no mercado de trabalho nas últimas décadas. A partir disso, há o decréscimo da taxa de natalidade, fazendo que ela se aproxime das taxas de mortalidade, reduzindo assim o crescimento vegetativo (diferença entre a taxa de natalidade e a taxa de mortalidade).

   Nota: esta resposta é de responsabilidade do ENEM. Na opinião da autora deste livro, houve urbanização, desejo de postergar a maternidade, desejo de ter família de menor tamanho, maior conhecimento sobre métodos anticoncepcionais.

7. Até o início da década de 1980, a população brasileira era considerada jovem. Hoje, apesar de ainda ser formada por muitas crianças e jovens, ela vem apresentando algumas mudanças. Note, especialmente, que a população na idade de 15 a 64 anos, isto é, em idade de trabalhar, passou de 57,74% em 1980 para 68,54% em 2010. É o chamado bônus demográfico, isto é, há muita gente capaz de gerar riquezas. No entanto, isso tende a acabar, porque o Brasil está "envelhecendo" – a taxa de fecundidade diminuiu e a expectativa de vida aumentou.

---

[2] Disponível em: <http://www.ibge.gov.br/home/estatistica/populacao/censo2010/>. Acesso em: 7 jun. 2016.

8.

Tabela R.14 Taxa de desocupação nos segundos trimestres, conforme as Grandes Regiões e o ano – Brasil

Região	2º trimestre	
	2015	2016
Norte	8,5	11,2
Nordeste	10,3	13,2
Sudeste	8,3	11,7
Sul	5,5	8,0
Centro-Oeste	7,4	9,7

Fonte: Agência Brasil.[3]

9.

Tabela R.15 Número de filhos por mulher segundo a escolaridade Brasil – 2009

Escolaridade	Nº de filhos por mulher
Até 7 anos de escola	3,19
8 anos ou mais de escola	1,68
Média	1,94

Fonte: PNAD (2009).

10.

Tabela R.16 Percentual de domicílios com algumas características no total de domicílios particulares permanentes, segundo as características Brasil – 2013/2014

Características	Ano	
	2013	2014
Iluminação elétrica	99,60%	99,70%
Coleta de lixo	89,40%	89,80%
Rede geral de abastecimento de água	85,00%	85,40%
Telefone	92,50%	93,50%
Esgotamento sanitário adequado	76,20%	76,80%

Fonte: PNAD (2015).

---

[3] Disponível em: >http://agenciabrasil.ebc.com.br/economia/noticia/2016-08/desemprego>. Acesso em 17 ago. 2016:

5. CONSTRUÇÃO DE GRÁFICOS

1. O gráfico mostra, mais claramente do que uma tabela, que dos residentes no Brasil com algum tipo de deficiência praticamente 20% têm deficiência visual. Bem menor é a porcentagem de deficientes mentais.

Gráfico R.1 Porcentagem do tipo de deficiência em portadores de deficiência Brasil – 2010

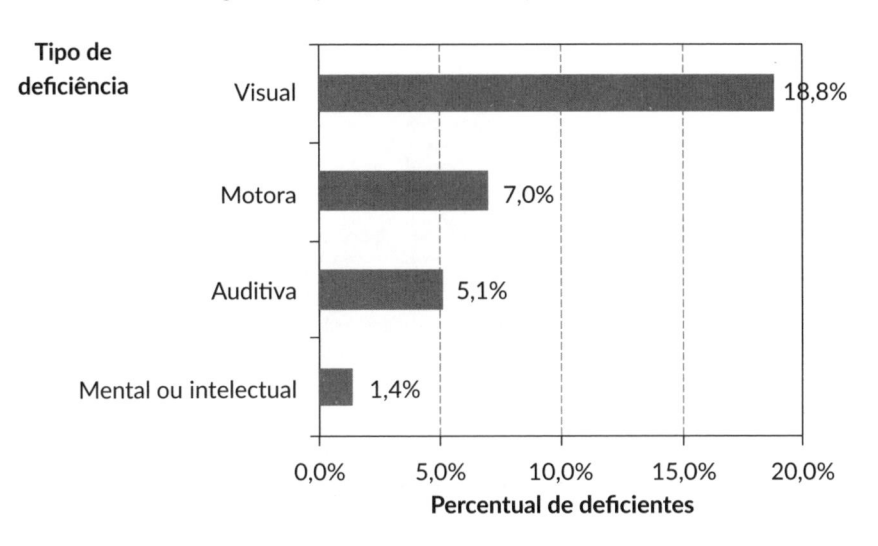

Tipo de deficiência	Percentual
Visual	18,8%
Motora	7,0%
Auditiva	5,1%
Mental ou intelectual	1,4%

Fonte: Cartilha do Censo 2010: Pessoas com deficiência.[4]

2.
Gráfico R.2 Ramo de conhecimentos segundo a preferência dos alunos

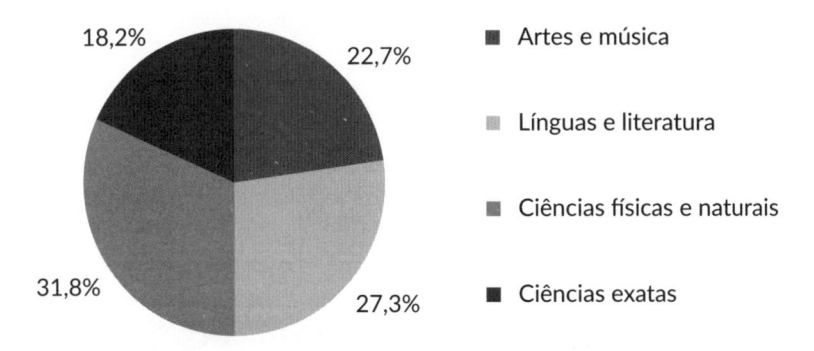

- Artes e música: 22,7%
- Línguas e literatura: 27,3%
- Ciências físicas e naturais: 31,8%
- Ciências exatas: 18,2%

---

[4] Disponível em: <http://www.pessoacomdeficiencia.gov.br/app/sites/default/files/publicacoes/cartilha-censo-2010-pessoas-com-deficienciareduzido.pdf>. Acesso em: 16 ago. 2016.

3.
Gráfico R.3 Peso ao nascer em quilogramas de nascidos vivos

Nº de recém-nascidos vs *Ponto central de cada classe de peso ao nascer*

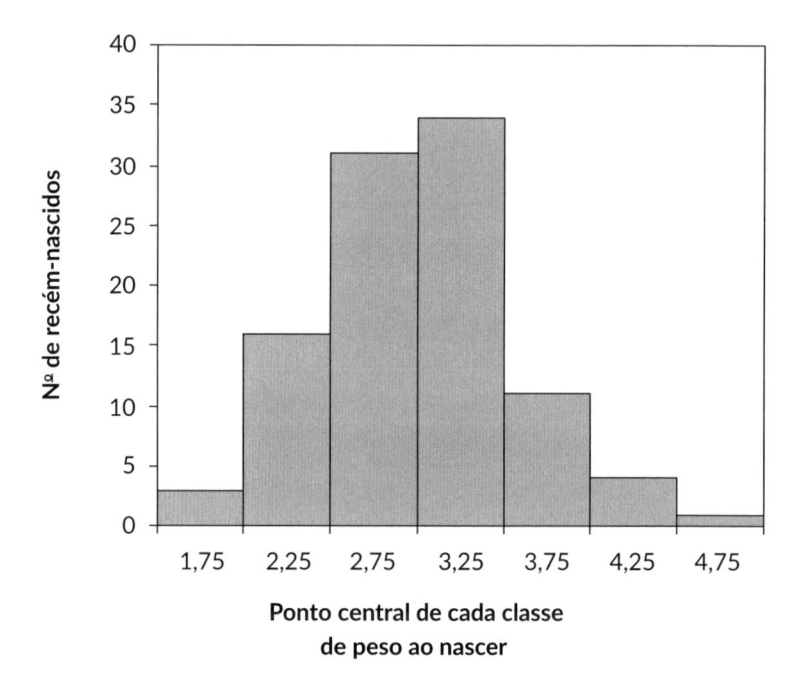

Gráfico R.4 Peso ao nascer em quilogramas de nascidos vivos

Frequência vs *Ponto central de cada classe de peso ao nascer*

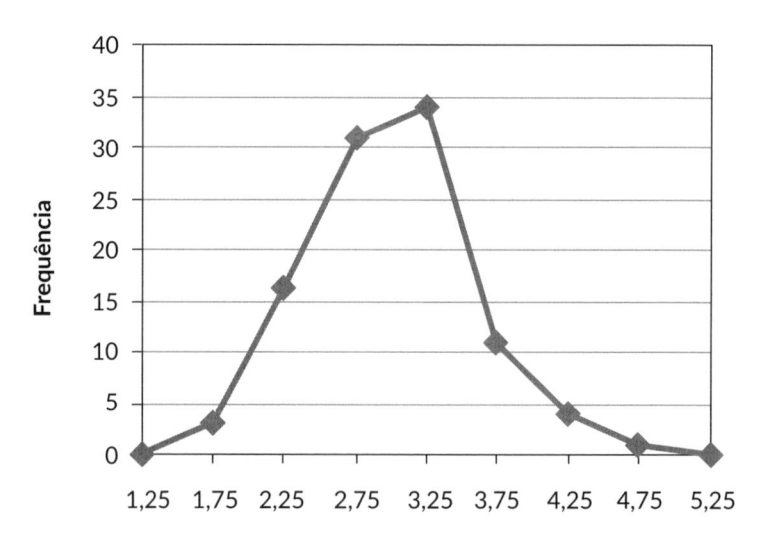

4.
Gráfico R.5 Empregados da empresa segundo o número de dias em que chegaram com atraso ao trabalho

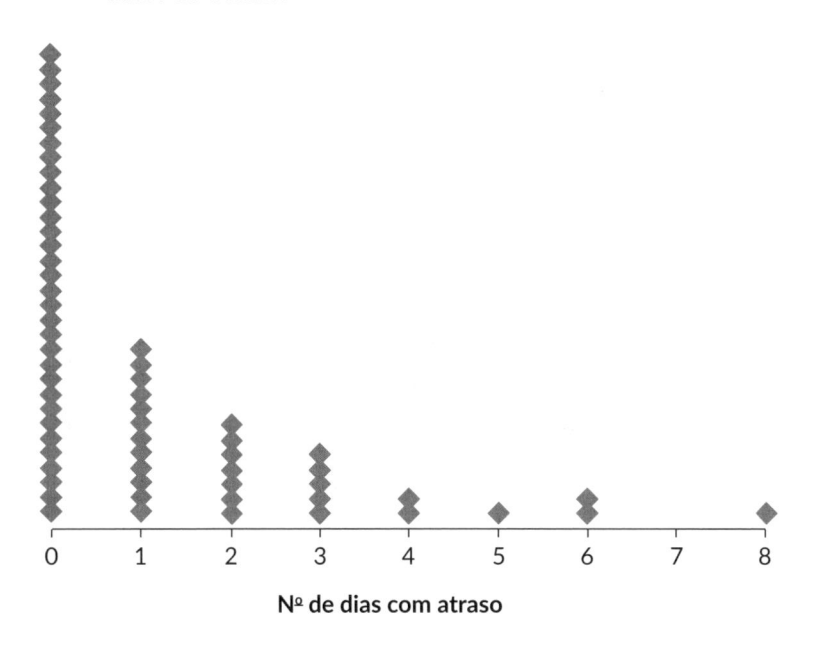

Nº de dias com atraso

5.
Gráfico R.6 Taxa de atividade Brasil – 2015

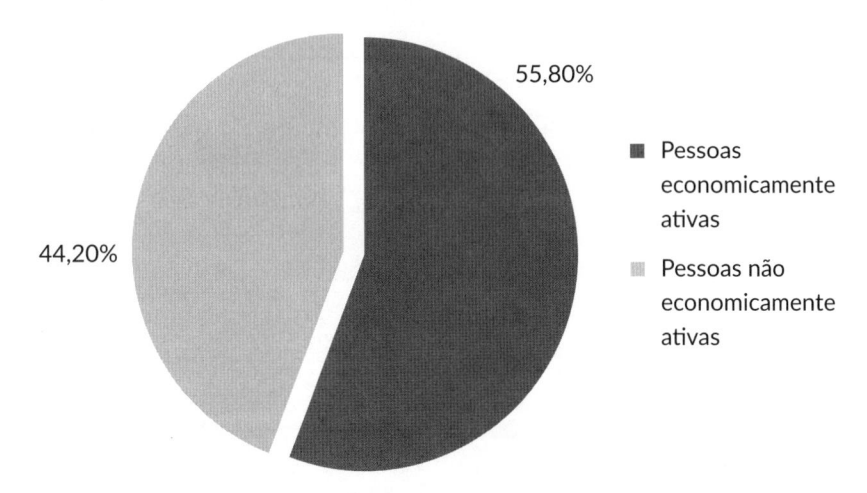

55,80%
44,20%

- Pessoas economicamente ativas
- Pessoas não economicamente ativas

Fonte: Pesquisa Mensal de Emprego Abril 2015 – Instituto Brasileiro de Geografia e Estatística (IBGE).

6.
Gráfico R.7 Distribuição percentual das pessoas segundo a cor ou raça

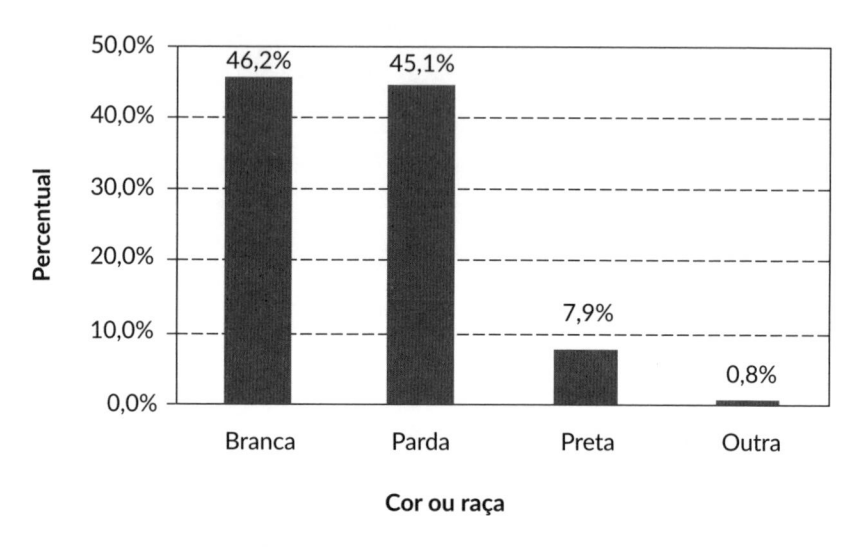

[Gráfico de barras — Percentual × Cor ou raça:
Branca: 46,2%; Parda: 45,1%; Preta: 7,9%; Outra: 0,8%]

(1) Inclusive a população sem declaração de cor ou raça.
Fonte: IBGE, Diretoria de Pesquisas, Coordenação de Trabalho e Rendimento, Pesquisa Nacional por Amostra de Domicílios 2011-2012.

7.
Gráfico R.8 Peso ao nascer, em gramas, de nascidos vivos, segundo a idade gestacional

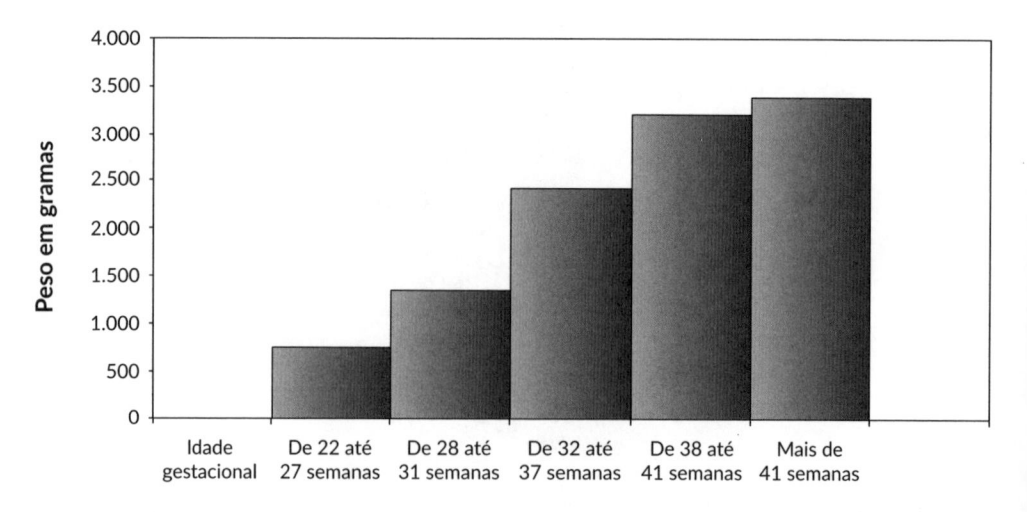

[Gráfico de barras — Peso em gramas × Idade gestacional:
De 22 até 27 semanas: ~750; De 28 até 31 semanas: ~1.350; De 32 até 37 semanas: ~2.400; De 38 até 41 semanas: ~3.200; Mais de 41 semanas: ~3.380]

8. Os idosos são o grupo de idade com maior percentual de deficiência severa.

Gráfico R.9 Percentual de pessoas com deficiência severa, por grupo de idade Brasil – 2010

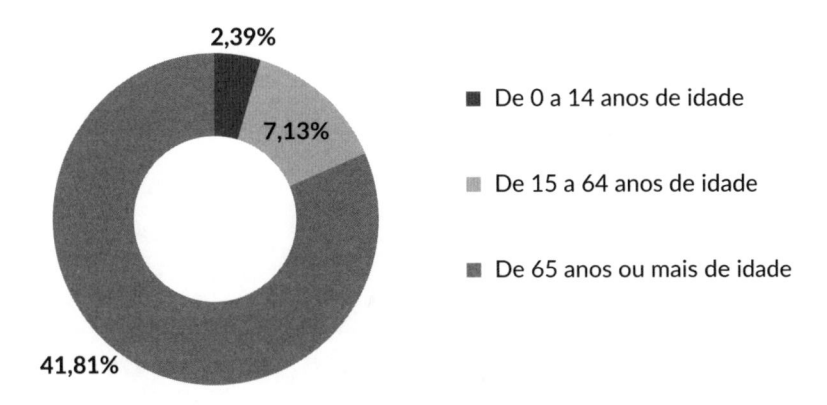

2,39%
7,13%
41,81%

- De 0 a 14 anos de idade
- De 15 a 64 anos de idade
- De 65 anos ou mais de idade

Fonte: Cartilha do Censo 2010: Pessoas com deficiência.[5]

9.
Gráfico R.10 Sedentarismo no Brasil – 2012

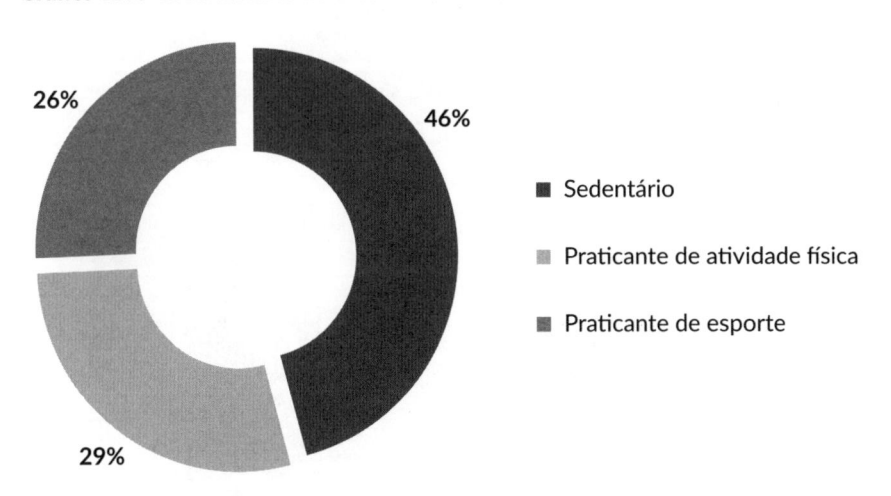

26%
46%
29%

- Sedentário
- Praticante de atividade física
- Praticante de esporte

Fonte: Ministério do Esporte – Diagnóstico Nacional do Esporte.

---

[5] Disponível em: <http://www.pessoacomdeficiencia.gov.br/app/sites/default/files/publicacoes/cartilha-censo-2010-pessoas-com-deficienciareduzido.pdf>. Acesso em: 16 ago. 2016.

10.

Gráfico R.11 Resultado do ENEM 2014

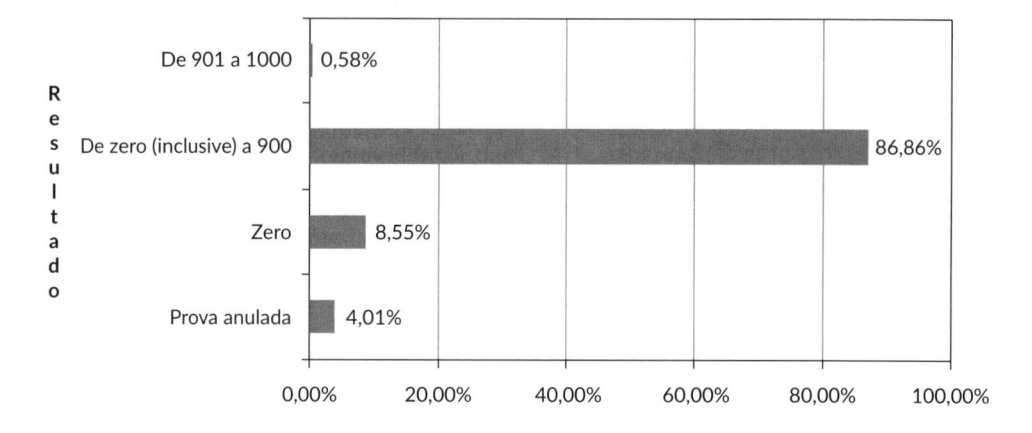

Resultado:
- De 901 a 1000: 0,58%
- De zero (inclusive) a 900: 86,86%
- Zero: 8,55%
- Prova anulada: 4,01%

(eixo: 0,00% – 100,00%)

Fonte: 529 mil candidatos tiraram zero na redação do ENEM 2014, UOL-Brasília. A nota máxima (1000) foi incluída na classe Mais de 900.

6. GRÁFICOS PARA DADOS BIVARIADOS

1.

Gráfico R.12 População residente, segundo a situação do domicílio – Censos Demográficos 2000/2010

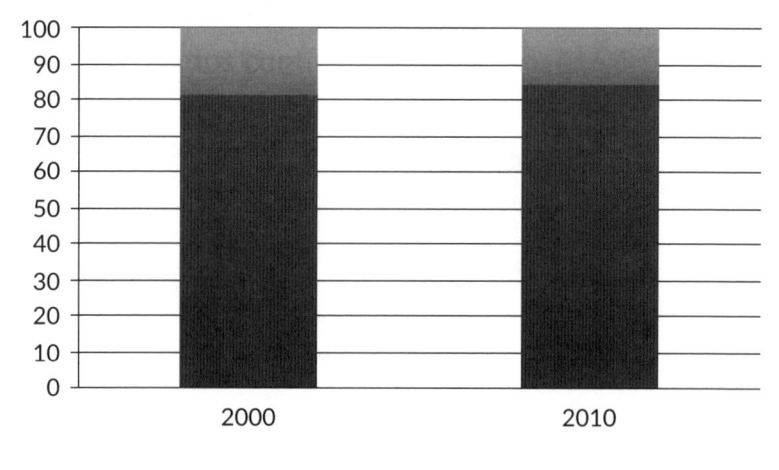

■ Urbana ■ Rural

2.
Gráfico R.13 Distribuição percentual da população residente, segundo cor ou raça e o ano do Censo Demográfico

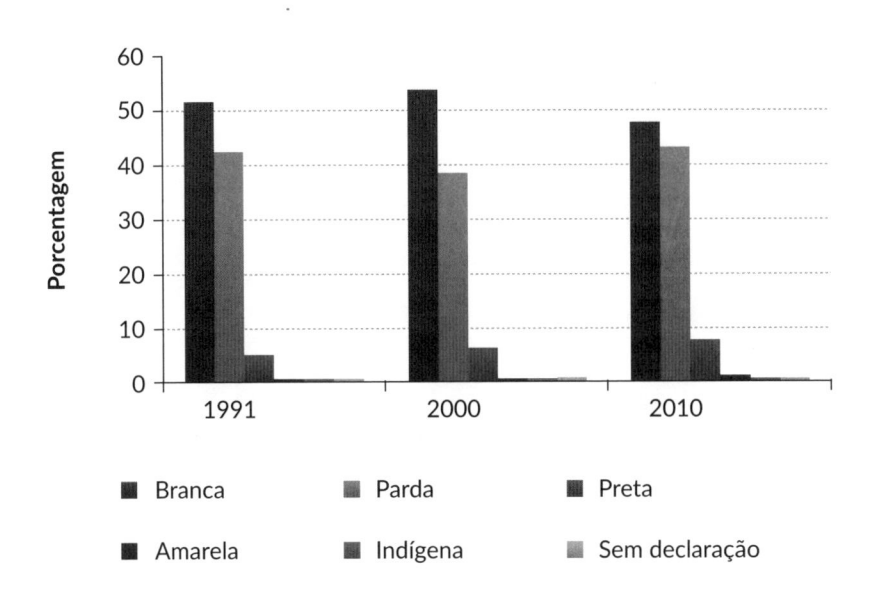

[Gráfico de barras mostrando a distribuição percentual por cor/raça nos anos 1991, 2000 e 2010, com categorias: Branca, Parda, Preta, Amarela, Indígena, Sem declaração]

3. Correlação negativa forte.

Gráfico R.14 Valores de X e de Y

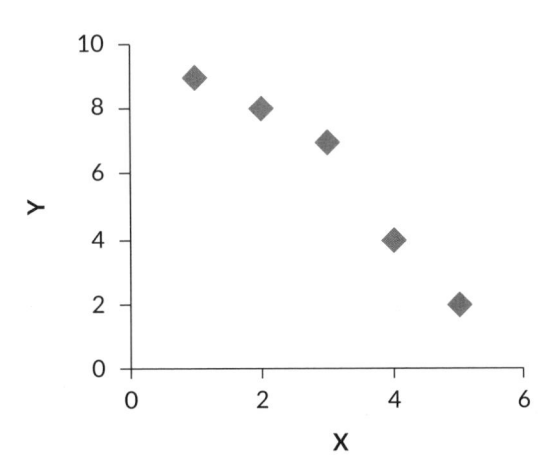

[Gráfico de dispersão mostrando pontos com correlação negativa entre X e Y]

4.
Gráfico R.15 Média dos pesos de 10 meninos em cada idade

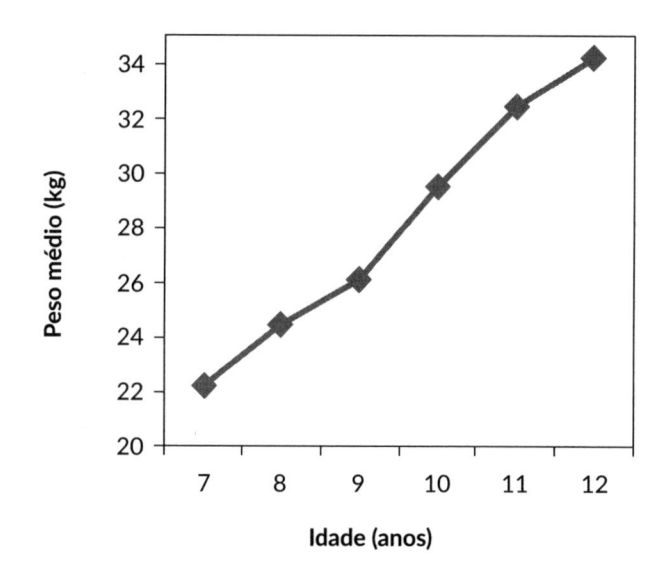

5.
Gráfico R.16 População do Brasil – Censos Demográficos 1872/2010

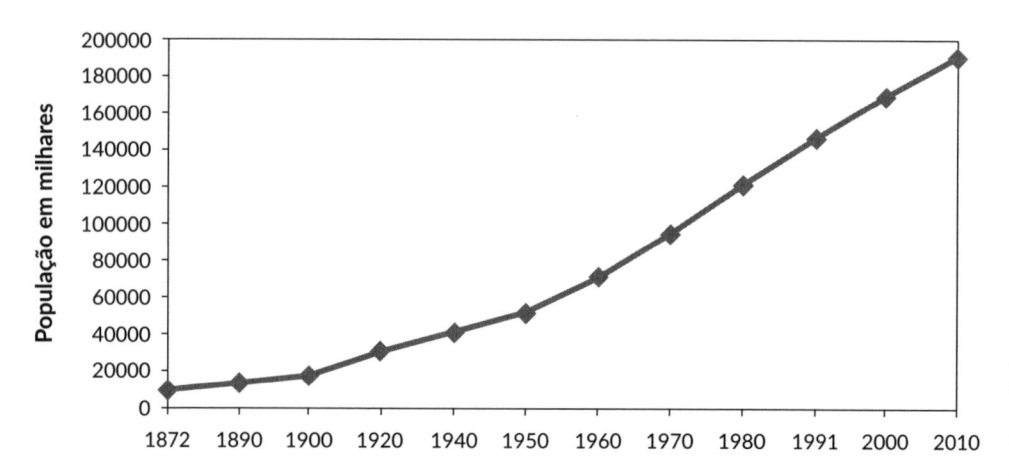

A população brasileira cresceu quase 20 vezes entre 1872 e 2010. Atingiu maior ritmo de crescimento entre 1950 e 1970 Reduziu o ritmo a partir de 1970 e deve continuar crescendo.

6. A correlação é nula.

Gráfico R.17 Valores de X e de Y

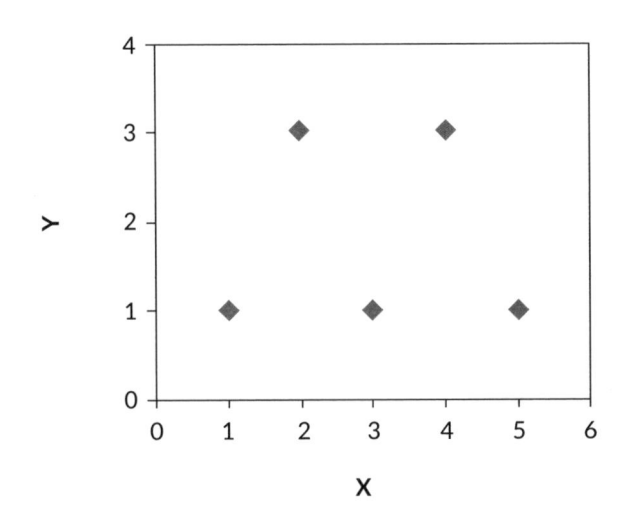

7.
Gráfico R.18 Motivo para não praticar atividade física, segundo o sexo

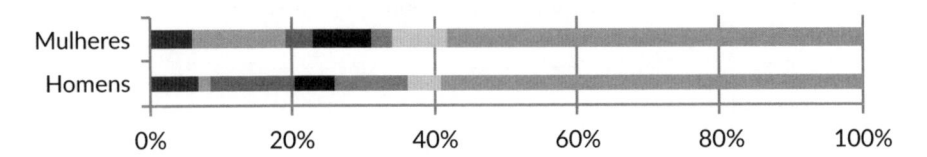

- Não gosto de esporte e da competição em si
- Preguiça, desinteresse, desmotivação
- Pela minha idade
- Por questões de saúde
- Por questões econômicas; esporte custa caro
- Tenho dificuldade de acesso a uma instalação esportiva

Fonte: Ministério do Esporte – Diagnóstico Nacional do Esporte (2012).

8.
Gráfico R.19 Taxa de fecundidade total Brasil – 1940/2010

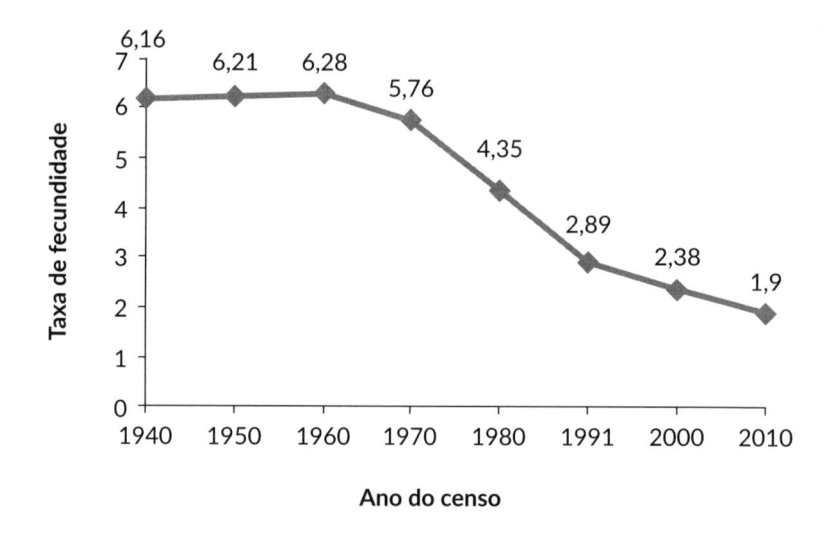

[Gráfico de linhas mostrando taxa de fecundidade por ano do censo:
1940: 6,16; 1950: 6,21; 1960: 6,28; 1970: 5,76; 1980: 4,35; 1991: 2,89; 2000: 2,38; 2010: 1,9]

Fonte: IBGE – Censo Demográfico 2010.

9.
Gráfico R.20 População residente, por sexo, segundo as Grandes Regiões Brasil – 2010

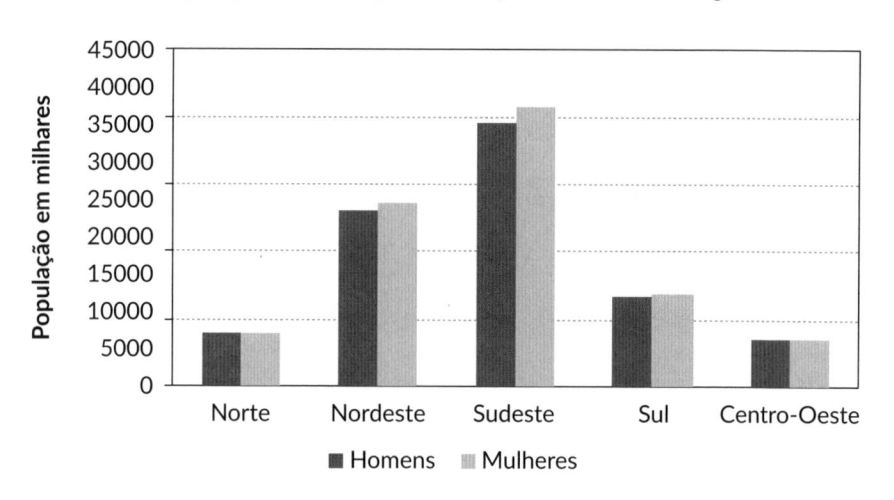

[Gráfico de barras comparando Homens e Mulheres por região: Norte, Nordeste, Sudeste, Sul, Centro-Oeste. Eixo y: População em milhares, de 0 a 45000.]

Fonte: IBGE – Censo Demográfico 2010.

10.

Gráfico R.21 Taxas de analfabetismo de pessoas com 15 anos de idade e mais – Censo Demográfico 1940/2010

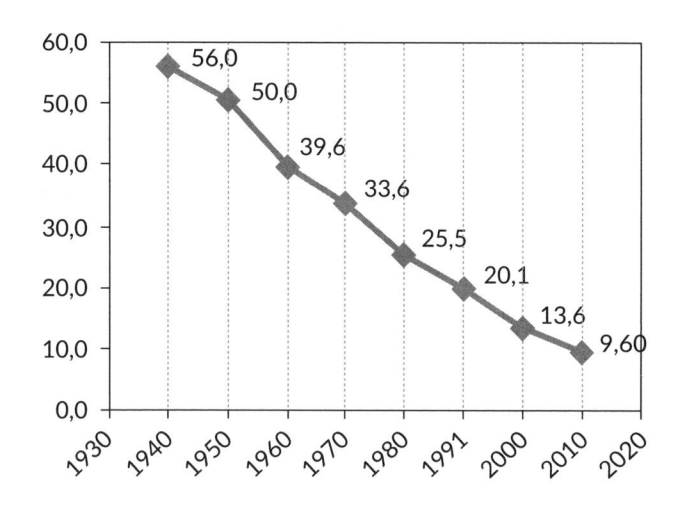

[Gráfico de linhas mostrando os valores: 1940: 56,0; 1950: 50,0; 1960: 39,6; 1970: 33,6; 1980: 25,5; 1991: 20,1; 2000: 13,6; 2010: 9,60]

Fonte: IBGE – Censo Demográfico Brasil 2010.

7. TAXAS, RAZÕES E NÚMEROS-ÍNDICES

1.

Tabela R.17 Números-índices

Ano	Nº de alunos	Número-índice
1	22	100
2	33	150
3	66	300
4	99	450

2.
Tabela R.18 Participação relativa de cada grupo de idade na população residente – Brasil – Censos Demográficos 1950/2010

Grupos de idade	Ano do Censo Demográfico						
	1950	1960	1970	1980	1991	2000	2010
BRASIL	100,0	100,0	100,0	100,0	100,0	100,0	100,0
De 0 a 14 anos	41,9	42,7	42,1	38,2	34,7	29,6	24,1
De 15 a 64 anos	55,7	54,6	54,8	57,7	60,4	64,5	68,5
65 anos e mais	2,4	2,8	3,1	4,0	4,8	5,9	7,4

3.
Gráfico R.22 Participação relativa de cada grupo de idade na população residente – Brasil – Censos Demográficos 1950/2010

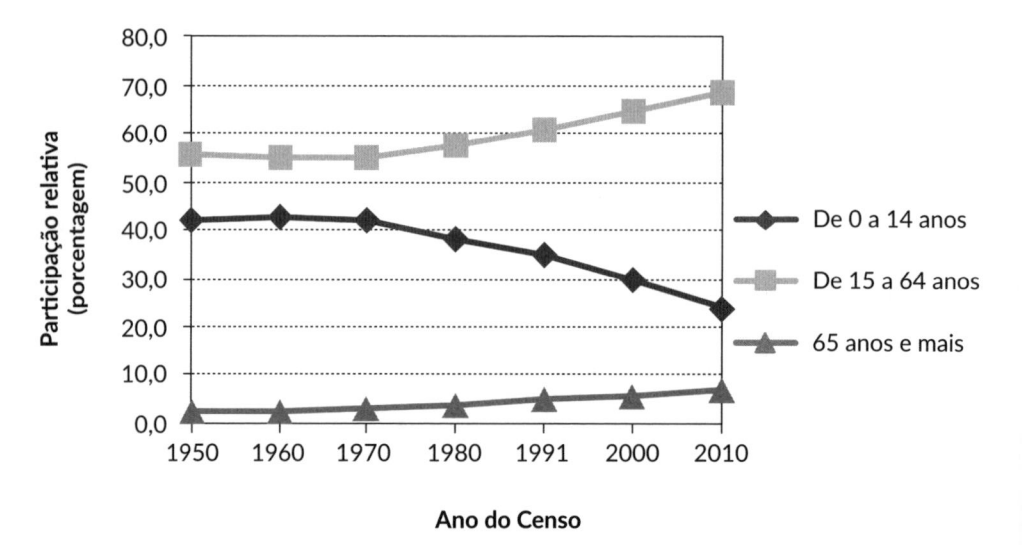

Ocorreram mudanças notórias na composição por idade da população brasileira no período de 1950/2010. A participação das pessoas menores de 15 anos de idade no total baixou de 41,9% para 24,1%. A participação das pessoas na idade potencialmente ativa (15 a 64 anos de idade) aumentou de 55,7% para 68,5% e a de pessoas idosas (65 anos ou mais de idade), de 2,5% para 5,9%.

4.

Tabela R.19 Crescimento relativo da população do Brasil em relação ao censo anterior

Ano do censo	Crescimento relativo
1880	44,3%
1900	21,7%
1920	75,7%
1940	34,6%
1950	26,0%
1960	36,7%
1970	33,1%
1980	28,2%
1991	21,3%
2000	15,6%
2010	12,3%

Gráfico R.23 Crescimento relativo da população do Brasil em relação ao censo anterior

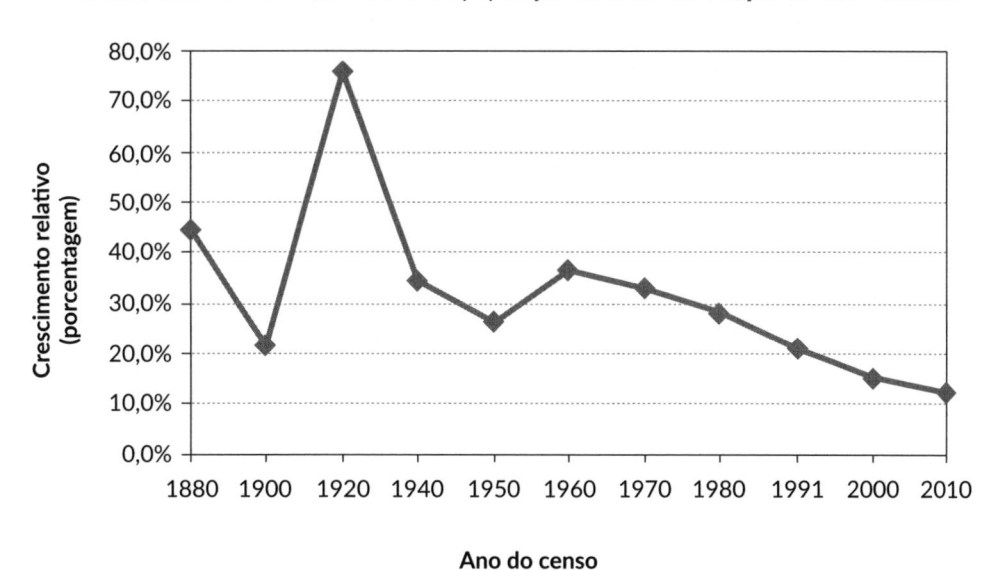

O crescimento relativo da população residente no Brasil vem declinando, desde 1960. O aumento entre 1900 e 1920 é explicado, também, pela imigração.

5.

Tabela R.20 Valores projetados e valores observados, com a variação percentual

Grupos	Projeção	Censo	Variação percentual
Brasil	171.279.882	169.799.170	0,87%
De 0 a 14 anos	51.002.937	50.266.122	1,47%
De 15 a 49 anos	94.093.847	92.489.693	1,73%
50 anos ou mais	26.183.098	27.043.354	−3,18%

A variação percentual entre valores projetados e valores observados foi pequena. A maior variação percentual foi para o grupo de 50 anos e mais, que cresceu mais do que o esperado.

6.

Tabela R.21 Razão de sexo para a população do Brasil – 1940/2010

Anos	Total		Razão de sexo
	Homens	Mulheres	
1940 (1)	20.614.088	20.622.227	100,0%
1950 (1)	25.885.001	26.059.396	99,3%
1960 (1)	35.055.457	35.015.000	100,1%
1970 (2)	46.331.343	46.807.694	99,0%
1980 (2)	59.123.361	59.879.345	98,7%
1991 (2)	72.485.122	74.340.353	97,5%
2000 (2)	83.576.015	86.223.155	96,9%
2010 (2)	3.406.990	97.348.809	96,0%

7.

Por "regra de três":

$$21.006.000 \longrightarrow 100$$
$$894.000 \longrightarrow x$$

$$x = 4{,}26\%$$

Tabela R.22 Cálculos auxiliares

Período	Cálculo
Maio de 2010 (data corrente)	21.900.000
Maio de 2011 (data base)	21.900.000 − 894.000 = 21.006.000
Índice	104,26

O número-índice de 104,26 significa 104,26% do valor da variável na data-base, ou seja, o número aumentou praticamente de 4,26%[6].

8. *Índice relativo de preço* é o quociente entre o *preço* do produto no *período* $t(P_t)$ e o *preço* desse mesmo produto na *data-base* (P_0). Esse resultado é multiplicado por 100. Mas $P_t = 2P_0$

$$\text{Índice relativo de preço} = \frac{P_t}{P_0} \times 100 = \frac{2P_0}{P_0} \times 100 = 200$$

9.

Tabela R.23 Preços e índices de preços de determinado produto no período de 2013-2016, tomando como base 2013

Ano	Preço	Índice
2013	35	100
2014	42	120
2015	84	240
2016	126	360

---

[6] O fato de o número de empregados ter aumentado no ano não significa que a taxa de desemprego diminuiu. Mais pessoas podem ter entrado no mercado de trabalho. Aliás, a taxa de desemprego teve alta, segundo a mesma fonte.

Gráfico R.24 Evolução do índice de preços de determinado produto no período de 2013-2016

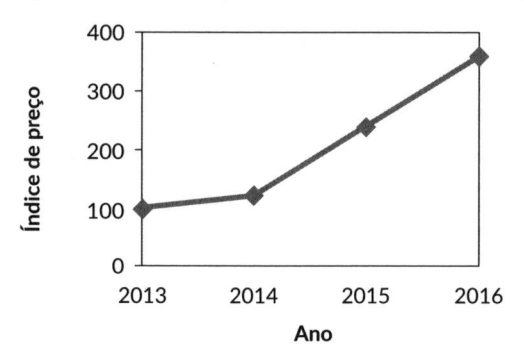

10.
Tabela R.24 Cálculos

2014	8.721.946
2015	8.478.096
Diferença	−243.850
Variação	−0,02795821
Porcentagem	−2,80

O número de inscritos diminuiu em 2,80%

8. MEDIDAS DE TENDÊNCIA CENTRAL

1. 22,4 anos.
2. 5,13 minutos.
3. A média é 104,2; a mediana é 109,0.
4. A moda é 0 (zero).
5.

Tabela R.25 Média dos alunos

Aluno	Média
Ana	5,7
Cláudia	5,3
Marcos	5,0
Pedro	5,0
Sérgio	4,6

RESPOSTAS DOS EXERCÍCIOS 179

6. A média geométrica é igual a 6.
7. A média harmônica é 13,71.
8. A média, para homens, é 28,3 anos e, para mulheres, 29,6 anos; a classe mediana, para homens e para mulheres, é a de 20 a 29 anos; a classe modal, para homens e para mulheres, é de 10 a 19 anos.
9. A média, para homens, é 31,4 anos e, para mulheres, 33,0 anos; a classe mediana, para homens e para mulheres, é a de 20 a 29 anos; a classe modal, para homens e para mulheres, é de 10 a 19 anos. A população envelheceu entre 2000 e 2010.
10. Conjunto C.
11. Resposta c, pois é a moda.

9. MEDIDAS DE VARIABILIDADE

1. 14 anos.
2.

Tabela R.26 Idades e desvios em relação à média

Idade (em anos)	Desvios
20	−2,4
25	2,6
18	−4,4
32	9,6
21	−1,4
27	4,6
19	−3,4
18	−4,4
23	0,6
21	−1,4
Soma	**0,0**

3. 20,04 anos.
4. 4,48 anos.
5. O primeiro quartil é 60 minutos, a mediana é 75 minutos e o terceiro quartil é 85 minutos.

6.
Tabela R.27 Resultados possíveis no jogo e um dado e desvios em relação à média

Resultado	Desvio
1	−2,5
2	−1,5
3	−0,5
4	0,5
5	1,5
6	2,5

7. A variância é 12,7.

8.
Tabela R.28 Desvios-padrões de três conjuntos de dados

Conjunto		
a	b	c
10	4	0
10	4	2
0	4	3
0	6	4
5	8	6
s = 5,00	s = 1,79	s = 2,24

9. A média é 105,8, o desvio-padrão 15,7, o primeiro quartil é 101, a mediana é 109 e o terceiro quartil é 118.

10.
Gráfico R.25 Nota máxima, média e nota mínima segundo a prova ENEM 2014

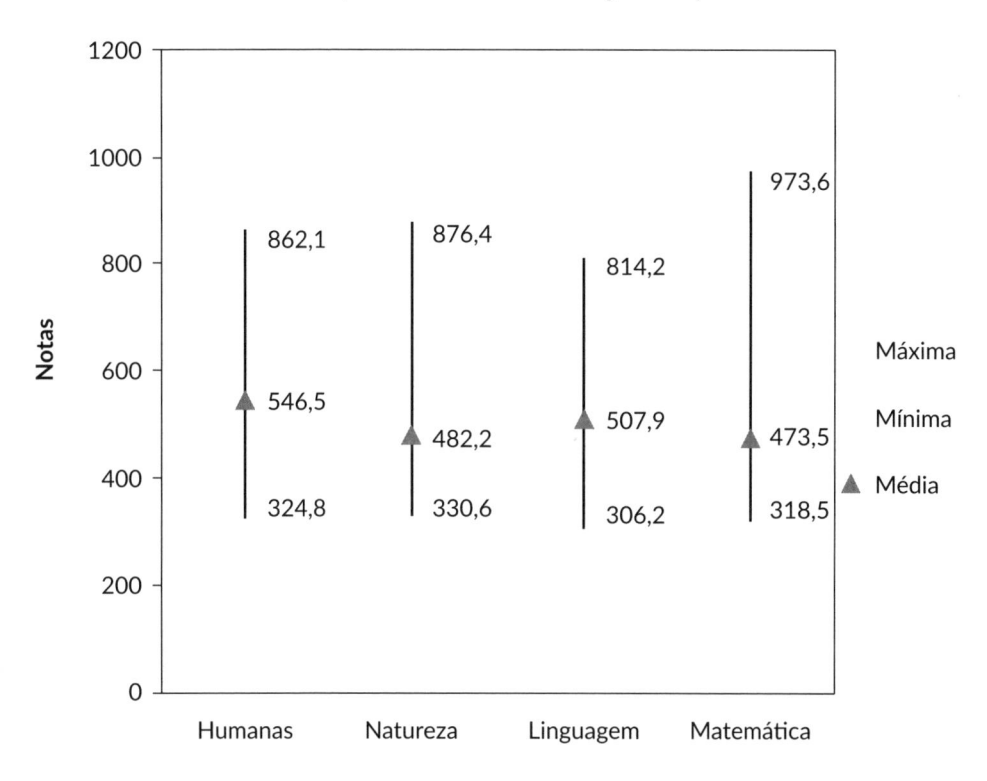

	Humanas	Natureza	Linguagem	Matemática
Máxima	862,1	876,4	814,2	973,6
Média	546,5	482,2	507,9	473,5
Mínima	324,8	330,6	306,2	318,5

Fonte: Instituto Nacional de Estudos e Pesquisas Educacionais Anísio Teixeira (INEP), 2014.

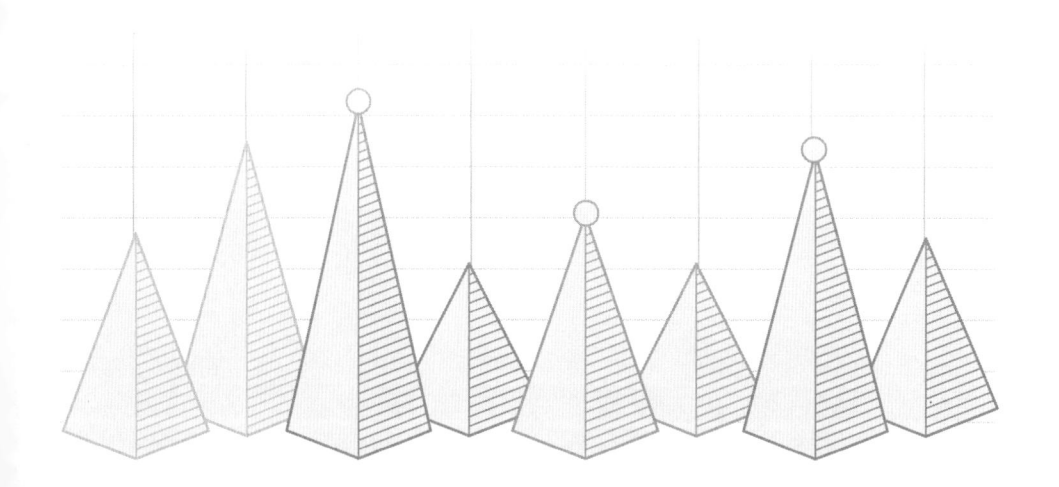

RECOMENDAÇÕES DE LEITURA

FREUND, J.E.; SMITH, R.M. *Statistics:* a first course. 4 ed. New York: Prentice-Hall, 1986.

JAISINGH, L. *Statistics for the utterly confused.* 2 ed. New York: McGraw, 2006.

PHILLIPS, J.L. *How to think about statistics.* 6. ed. New York: Freeman, 2000.

VIEIRA, S. *Estatística básica.* 2. ed. São Paulo: Cengage Learning, 2018.

_____. *Introdução à bioestatística.* 5. ed. Rio de Janeiro: Elsevier, 2016.

Pré-impressão, impressão e acabamento

GRÁFICA SANTUÁRIO

grafica@editorasantuario.com.br
www.graficasantuario.com.br
Aparecida-SP

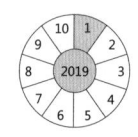